THE
LITTLE
BOOK
OF
VALUATION

学会估值，
轻松投资

［美］阿斯沃斯·达摩达兰◎著

陈召强◎译

中信出版集团｜北京

图书在版编目（CIP）数据

学会估值，轻松投资 /（美）达摩达兰著；陈召强译. —北京：中信出版社，2015.11（2025.5重印）
书名原文：The Little Book of Valuation：How to Value a Company, Pick a Stock ,and Profit
ISBN 978-7-5086-3311-4

I.①学… II.①达… ②陈… III.①投资－基本知识 IV.①F830.59

中国版本图书馆CIP数据核字（2012）第059228号

The Little Book of Valuation: How to Value a Company, Pick a Stock, and Profit by Aswath Damodaran
Copyright © 2011 by Aswath Damodaran.
Simplified Chinese translation Copyright © 2015 by CITIC Press Corporation
All Rights Reserved. This translation published under license.

学会估值，轻松投资

著　　者：[美] 阿斯沃斯·达摩达兰
译　　者：陈召强
策划推广：中信出版社（China CITIC Press）
出版发行：中信出版集团股份有限公司
　　　　　（北京市朝阳区东三环北路 27 号嘉铭中心　邮编　100020）
　　　　　（CITIC Publishing Group）
承 印 者：北京通州皇家印刷厂

开　　本：880mm×1230mm　1/32　　　印　张：7.5　　　字　数：105 千字
版　　次：2015 年 11 月第 1 版　　　　印　次：2025 年 5 月第 23 次印刷
京权图字：01-2011-3608
书　　号：ISBN 978-7-5086-3311-4 / F · 2607
定　　价：38.00 元

前　言 // VII

引　言 // XI

第一章　价值——不仅仅是数字：纵览全局

　　估值的两种方法 // 004

　　为什么你应该关心估值？ // 005

　　关于估值的一些真相 // 007

第二章　交易中的有力工具：时值、风险和统计

　　时间就是金钱 // 015

　　抗拒风险 // 020

　　会计基础 // 024

　　了解数据 // 028

　　整装待发 // 033

第三章　任何资产都有内在价值：确定内在价值

评估公司还是评估股票？ // 037

内在估值的输入项 // 038

这些模型告诉我们什么？ // 058

一切都在于内在价值 // 059

第四章　一切都是相对的：确定相对价值

标准价值和倍数 // 064

使用倍数的 4 个关键 // 066

分析性测试 // 072

内在价值和相对价值 // 081

爱因斯坦是对的 // 082

第五章　无限美好：对年轻成长型公司估值

估值问题 // 088

估值解决方案 // 089

我们是否错过了什么？ // 101

第六章　成长阵痛：对成长型公司估值

估值问题 // 109

估值解决方案 // 111

第七章　持续增长：对成熟型公司估值

估值问题 // 129

估值解决方案 // 131

管理的改变会导致价值改变吗？ // 138

第八章　世界末日：对衰退型公司估值

估值问题 // 149

估值解决方案 // 151

第九章　反弹：对金融服务公司估值

估值问题 // 167

估值解决方案 // 168

第十章　过山车：对周期性公司和商品公司估值

估值问题 // 187

估值解决方案 // 188

未开发储量的实物期权观 // 197

第十一章　无形价值：对拥有无形资产的公司估值

估值的问题 // 205

估值解决方案 // 206

股票股权的处理 // 218

后　记 // 223

如果你拿出时间来想一想，就会发现证券交易所提供的是一种颇为神奇的服务。基于这种服务，你可以将现在不用的现金转换为对股票的请求权，当然，这种请求权是建立在公司的未来现金流基础之上的，而公司的价值理应随着时间的推移而增加。这一过程也可以反过来操作，你可以卖出公司的股票以换取现金，实际就是将明天的潜在收益转换为今天的固定数额现金。在这种以现金交易请求权为形式的神奇能力背后，隐藏的正是一种估值机制。如果你想审慎地投资，那么就必须要学会如何估值。

在整个职业生涯中，我一直都在研究估值技巧，而且也是这些技巧的实践者。我可以毫不犹豫地说，在估值方面，阿斯沃斯·达摩达兰是我遇到的最好的老师。我听过他的讲座，看过他的书，读过他的论文，浏览过他的网站。他论述的广度和深度令人印象深刻，而那种清晰度和实用性更是非同凡响。对于估值，事无巨细，他都了如指掌，并能以一种有效且切合实际的方式表达出来。如果你想追随大师学习估值的方法，这本书最适合你了。

本书的字数虽然不多，但却包罗万象。你首先会学到贴现现金流的基本知识，并由此迅速转向估值倍数。此外，达摩达兰教授还指出，估值会存在偏差和错误，因而越简单越好，并强调了内在方法和比较方法之间的区别。对于常见的估值倍数，他也进行了正反两方面的讨论，并给出了极为有效的建议。

对于处于不同发展阶段的公司，进行估值是一件非常困难的事情。比如有两家公司，一家是首次公开发行的高科技公司，另一家是稳定、保守的消费品制造商，你如何比较它们之间的相对吸引力？在本书的核心部分，达摩达兰教授将会帮助你了解公司在其生命周期不同阶段的估值问题，并通过鲜明的事例帮助你加深这些认识。

本书的最后部分将指导你，如何处理你有可能遇到的一些特殊情况。比如说，一家仅依赖于一种商品的公司，而这种商品的需求又起伏不定，如何对该公司估值向来都是一件棘手的事情。

再比如，一家在研发领域投入巨大却收效甚微的公司，对其进行估值同样是困难的。作为一个实践者，你将会面对不同的估值挑战，但这些挑战同样会让你获益匪浅。

认真阅读，直到你完全理解了本书结尾部分的内容为止。这些规则将理论和实践有效地结合起来，并会在你遇到不确定状况时给予你指导。

在自由经济中，估值是经济活动的核心。因此，关于估值的广泛概念及其细节的应用知识也就显得非常重要。在将这些思想应用于实践方面，我认为阿斯沃斯·达摩达兰所做的努力是最多的。我希望你能够喜欢这本有关估值的书，并能够从中获利。

迈克尔·J·莫布森[①]

---

① 迈克尔·J·莫布森是美盛资本管理公司的首席投资策略师和哥伦比亚大学商学院的兼职教授。

你知道谷歌或苹果公司股票的真正价值吗？你知道你刚刚购买的一套公寓或住房的真正价值吗？了解股票、债券或房产的价值或许并不是成功投资的先决条件，但这可以帮助你做出更精确的判断。

大多数投资者都将资产估值视为一项令人头疼的工作——其复杂程度远超出了他们所掌握的技能。因此，他们将这一工作交给专业人士（证券分析师、评估师等）来处理，或完全予以忽略。我认为，就本质而言，估值实际上是很简单的，任何愿意花费更多时间收集和分析信息的人都可以做到。我会在本书中向你一一展示。

我也希望能够揭开估值方法的神秘外衣，让你了解一下分析师和评估师所做的估值判断，看看他们的判断是否合情合理。

虽然估值模型有着各种各样的细节，但任何公司的价值都依赖于少数几个关键的驱动因素，当然这还要视公司的具体情况而定。在寻找这些价值驱动因素时，我的关注点不仅涵盖了公司的整个生命周期——从新生的成长型公司如安德玛，到发展成熟的公司如荷美尔食品，而且还涵盖了诸多不同的部门——从商品公司如埃克森美孚，到金融服务公司如富国银行，再到制药公司如安进，不一而足。

好处在这里：如果你理解了一家企业的价值驱动因素，那么你也可以确定价值型投资标的——投资低价股票。在你看完本书时，我希望你能够评估任何一家你感兴趣的公司或企业的价值，并利用这种知识和技能让自己成为一个更明智和更成功的投资者。

显然，并非所有人都有时间或意愿去评估一家公司的价值。但如果你愿意去尝试评估的话，本书将会给予你必要的工具，而如果你不愿这样做，那么本书也将为你提供一些捷径。

现在，让我们出发吧。

THE LITTLE BOOK OF
VALUATION

第一章

价值——不仅仅是数字：

纵览全局

对于愤世嫉俗者，奥斯卡·王尔德是这样描述的："他们只晓得万物的价钱，却不明白它们的价值。"许多投资者也是如此，他们将投资视为一场游戏，认为保持领先即是胜利。

稳健投资的一个假设是，投资者不会为某一资产支付超过该资产价值的价格。如果你接受这一命题，那么就意味着你在购买任何物品之前，至少都得估算一下它的价值。有的人认为，价值存在于其他人眼中，只要其他投资者认可该投资的价值，那么任何价格都是合理的。这完全是无稽之谈。当该项资产为画作或雕塑时，或许还有些道理，但当你为获得预期的现金流而购买金融资产时则不然。一只股票的价格是否合理，绝不能仅仅看将来是否有投资者愿意为之出高价，因为这会让投资演变成为昂贵的"抢座位"游戏，而相应的，问题也就会成为：在音乐声停时，你身在何处？

估值的两种方法

估值模型虽有数十种之多，但归根到底，估值方法却只有两种：绝对估值法和相对估值法。在进行绝对估值时，我们从一个简单的命题开始：一项资产的内在价值是由该资产在其生命周期内所产生的预期现金流，以及你对这些预期现金流的确定程度所决定的。如果一项资产拥有高且稳定的现金流，那么其价值理应高于现金流较低且不稳定的资产。这就好比是两处房产，一处有长期的承租人且其愿意支付高额租金，另一处为投机性房产，不仅租金收入低，而且还会时不时地出现空置。两相比较，显然前者的价值要高于后者。

原则上，我们应该把重点放在绝对估值上，但大多数资产的估值都是建立在相对基础之上的。在相对估值中，资产的估值取决于市场对类似资产的定价。如此一来，当你决定购买一处住房时，你需要先了解一下该区域其他类似住房的价格。就股票而言，你需要比较该股票与其他类似股票（通常为同一种类股票）之间的价格。如此一来，如果埃克森美孚的市盈率为 8 倍，而其他石油公司的市盈率为 12 倍，那么你就可以买入埃克森美孚的股票。

虽然每一个阵营中都有一批纯粹主义者声称另外一种方法是无效的，但这并不代表就没有中间地带。绝对估值提供的是一个全景式的画面，它可以让你更好地了解企业或股票背后的价值，而相对估值则会让你对价值有一个更贴近现实的预计。总而言之，两者并无优劣之分，你完全可以在某项投资中同时使用这两种方法。事实上，如果绝对估值和相对估值都表明一只股票被低估，那么投资它一定会增加你的胜算。

为什么你应该关心估值？

市场中的投资者拥有各种不同的投资理念。有的是市场择机者，致力于在市场上涨前投资，而有的则是选股者，基于股票的成长潜力和未来预期收益投资。有的着眼于价格表，并将自己归为技术专家，而有的则计算财务比率，依据基础分析投资，他们会深入分析某一公司的现金流，并基于这些现金流计算出一个价值。有的着眼于短期利润，而有的则聚焦于长期收益。对所有这些投资者来说，了解如何估值是相当有用的，虽然投资过程中估值法的使用会有先有后。市场择机者在投资伊始就会使用估值工具，以确定哪一组或哪一种类的资产（股票、债券或房地产）被低估或高估，而选股者则可以通过对公司的估值来确定股票的价格是否便宜。即便是技术分析师也可以运用估值来检测动量周期的转变，确定处于上升态势的股票是否已开始进入下降通道，或者处于下降态势的股票是否已经开始进入上升通道。

随着时间的推移，价值评估已经不再仅仅局限于投资和投资组合管理。在公司生命周期的每一个阶段，估值都发挥着它应有的作用。对于希望扩张的小型私营企业来讲，它们需要寻找风险资本投资者和私募股权投资者，以求获得更多的资本，而在这一过程中，估值就扮演了一个关键角色。风险资本家通过注资换取公司股份，而所换股份的多少则取决于他们对公司的估值。当公司发展壮大并决定上市时，估值决定着其股票公开发行的价格。而公司一旦上市，其在投资方向、借款数额、所有者分红比例等方面的决策，也都会受到估值的影响。即便是会计也无法幸免。就会计标准而言，一个最重要的全球趋势就是向公允价值会计的转变，即资产负债表中的资产是以其公允价值而非原始成本计算的。如此一来，即便是随意翻阅财务报表，也需要对估值有一个基本的了解。

关于估值的一些真相

在深入研究估值之前，你需要注意一下有关估值的一些真相。基于这些真相，你不仅可以评价他人的估值，而且在自己估值时也可以做到心安理得。

所有的估值结果都存在偏见

你几乎不可能从一开始就毫无偏见地评估一家公司。通常，在将数据输入你所使用的模型和矩阵之前，你已经对一家公司或一只股票有了自己的看法。因此，你的结论常常反映出你的偏见，也就不足为奇了。

这种偏见始于你对公司的选择。这些选择并不是随机性的。这或许是因为你在报纸上看到关于该公司的信息（好的或坏的），或在电视上看到有人讲某一家公司被低估或被高估。在收集评估该公司所需的信息时，这种偏见会进一步加深。通常而言，包含会计数据及管理层绩效审议的年度报告和其他财务报表所给出的都是一些尽可能好的数据。

对职业分析师来说，机构因素会进一步加深这种早已存在的严重偏见。比如说，股权研究分析师发出的"买入"推荐要多于"卖出"推荐，这是因为他们需要维持与其所追踪公司的良好关系，同时也是因为他们面临着所在机构的压力，因为他们的机构与这些公司还有其他的业务合作。除了这些机构因素外，还有一个与寻找被低估或被高估公司相挂钩的赏罚机制。对于那些薪酬依赖于能否找到股价过低或过高的分析师来说，他们将会制造偏见。

你在估值时使用的输入数据，将会反映你的乐观和悲观倾向；因此，对于你所喜欢的公司，你更愿意使用更高的增长率，并尽可能地忽视风险。此外，投资后的估值"慰藉"也会起到推波助澜的作用，你会通过增加有利因素（协同、控制和管理素质）来提升预估的价值，或通过过滤不利因素（非流动性和风险）来减少预估的价值。

一定要正视你的偏见：为什么你会选择评估这家公司？你是否喜欢这家公司的管理层？你是否已经持有这家公司的股票？如果可能的话，自一开始就把这些偏见写在纸上。此外，在对公司进行背景研究时要着眼于信息而非观点，将更多的时间用于考察公司的财务报表，而不是关于该公司的股权研究报告。如果你看其他人对某一家公司的估值，你一定要考虑这种估值的原因，以及可能影响分析师判断的潜在偏见。一般来说，估值过程中的偏见越多，你就越应减少对估值判断的重视。

大多数估值（即便是合理估值）都是错误的

自孩提时代就有人告诉你，如果你遵循正确的步骤，那么你将会得到正确的答案，而如果答案不精确，那么肯定是你某一步做错了。虽然精确度在数学或物理中是一个很好的过程衡量指标，但在估值中，它却是一个很差的质量衡量指标。你对未来的最佳预计将难以与实际数字相吻合，这其中涉及多个原因。首先，即便你的信息源是毫无瑕疵的，你也必须要将原始资料转化为预测，而在这一阶段你犯的任何错误都将会导致估算误差。其次，你所预想的公司的发展路径可能会完全背离实际。该公司的业绩表现可能会大大高于你的预期，也可能会大大低于你的预期，而由此导致的收益和现金流将会有别于你的预计；要考虑这种公司特有的不确定性。比如说，在对思科进行估值时，我严重低估了该公司在未来继续维持并购驱动式增长的难度，高估了它的价值。再次，即便一家公司会完全按照你所预期的轨迹发展，宏观经济环境也会发生不可预测的变化。利率有可能上升也有可能下调，而经济增长可能高于预期，也可能低于预期。事后来看，我在 2008 年 8 月对高盛的估值太过于乐观了，因为我并没有预料到 2008 年银行业危机所造成的破坏。

不确定性的程度和类型因公司而异，且对投资者影响甚大。这其中的一个隐性含义就是，对于估值的评判，你不能以精确度为标准，相对于成熟型公司的估值，你在对成长型公司估值时会面临更多的不确定性。另外一点就是，避开不确定性并不意味着你完全放弃不确定性。你不能因为一家公司存在太多的不确定性就拒绝对其进行估值，因为其他所有人都面临着同样的不确定性。最后一点，收集更多的信息并进行更多的分析，并不意味着一定会减少不确定性。颇具讽刺意味的是，在有些情况下这还会产生更多的不确定性。

越简单越好

过去的 20 年里，估值已经变得越来越复杂。这与两个方面的发展是分不开的：一方面，计算机和计算器的性能比以前更高，而且也更便于使用，从而使数据的分析越来越容易；另一方面，信息也越来越多，而且越来越容易获得和使用。

在估值中，一个根本的问题是，你会在这一过程中纳入多少细节，而这种平衡是很容易理解的。细节越多，你利用特定信息做出更好预测的概率就越大，但同时，这也需要更多的数据输入，而更多的输入则意味着可能会出现更多的误差，进而导致更复杂和更难以理解的模型。我们可以从自然科学的简约性原则中得出这样一个简单的规则：在对一项资产进行估值时，使用最简单的模型。如果你只需要用 3 个数据就能评估一项资产，那么就不要用 5 个数据。如果你可以用 3 年的预测来评估一家公司，那么使用 10 年的预期现金流就是自找麻烦。正所谓，少就是多。

开动引擎

大多数投资者都不愿意对公司进行估值，并会给出诸多理由：估值模型过于复杂，没有足够的信息，或者存在太多的不确定性。虽然所有这些理由都成立，但他们真不应该放弃尝试。估值模型可以很简单，而且你也可以处理所拥有的信息，当然，未来永远都是不确定的。你有时会犯错吗？当然，其他所有人也都会犯错。成功的投资并不是因为判断准确，一切都在于你所犯的错误经常少于其他人所犯的错误。

THE LITTLE BOOK OF

VALUATION

第二章

交易中的有力工具：

时值、风险和统计

虽然谷歌目前并不支付股息，且未来存在着诸多不确定性，但它却有着巨大的发展潜力，而奥驰亚则是一家支付高额股息的公司，收入稳定，但发展前景有限。两相比较，你是买入谷歌的股票还是买入奥驰亚的股票？相对于其他烟草公司，奥驰亚的股票是不是便宜？要想就此做出判断，你需要比较当前的现金流与未来的现金流，你需要评估风险对价值的影响，你需要有能力处理大量的信息。本章即为你提供与之相关的工具。

时间就是金钱

最简单的金融工具往往是最有效的。今天的 1 美元比未来的

1 美元更有价值，这是一个很直观的道理，对大多数人来说，他们无须利用模型和数学公式就能理解。基于现值原则，我们可以准确计算未来 1 美元的价值，并可比较不同阶段的现金流。

为什么未来现金流的价值会低于当前相类似的现金流的价值？原因有三：

1. 人们更愿意在当前消费，而不是把钱留在未来消费。

2. 通货膨胀会降低现金在未来的购买力。未来 1 美元的购买力不及当前 1 美元的购买力。

3. 承诺性现金流在将来未必会兑现。这种等待是有风险的。

对未来现金流进行调整以使其反映这些因素的过程被称为贴现，而这些因素的价值则会反映在贴现率中。贴现率可以视做预期实际收益（反映消费偏好）、预期通货膨胀（挤占现金流的购买力）和与现金流相关的不确定性溢价的合成体。

通过贴现，未来现金流可以转换为当前的现金流。就类型而言，现金流可以分为 5 种：简单现金流、年金、增长年金、永续年金和增长永续年金。

简单现金流是将来某一特定时期内的单笔现金流。通过贴现，现金流可以转换为当前的美元（或现值）。如此一来，使用者便可对不同时间点的现金流进行比较。现金流现值的计算方法为：

$$\frac{未来时期的现金流}{(1+贴现率)^{期限}}$$

由此可见，计算10年后1000美元的现值，若贴现率为8%，则：

$$\frac{1\,000}{(1.08)^{10}} = 463.19\ 美元$$

在其他条件不变的情况下，未来1美元的价值会随着时间的推移而不断减少，而你对获得这1美元的不确定性也会日渐增加。

年金是指在一个固定期限内定期产生的固定现金流。你可以通过贴现计算每一笔现金流的现值，然后将所得数字相加，你也可以用下面这个方程式进行计算：

$$年度现金流 \left[\frac{1 - \dfrac{1}{(1+贴现率)^{时期数}}}{贴现率} \right]$$

为进一步说明，我们假定，你可以以10 000美元现款购买一辆汽车，也可以采用分期付款的方式，分5年还清，每年年底支付

3 000 美元。如果贴现率为 12%，那么分期付款计划的现值就是：

$$3\,000 \times \left[\frac{1- \dfrac{1}{(1.12)^{5}}}{0.12} \right] = 10\,814 \text{ 美元}$$

从现值来看，现款交易的成本要低于分期付款计划的成本。

增长年金是指，在特定时期内以固定利率增长的现金流。假设你有一座金矿，去年一年产生的现金流为 150 万美元，而且预计在接下来的 20 年间还会继续产生现金流。假定现金流的增长率为 3%，而基于你对这些现金流的不确定性，贴现率为 10%，那么该金矿中黄金的现值为 1 614.6 万美元，以下为现值计算的等式和现金流。

$$\text{现值计算} = \text{现金流} \times (1+g) \times \left[\frac{1 - \dfrac{(1+g)^{n}}{(1+r)^{n}}}{(r-g)} \right]$$

$$= 150\,\text{万} \times 1.03 \times \left[\frac{1 - \dfrac{1.03^{20}}{1.10^{20}}}{(0.10-0.03)} \right] = 1\,614.6\,\text{万}$$

你也可以计算每一笔现金流的现值，然后再将所得数字相加，其总和是一样的；该值会随着增长率的上升而增加，同时也会随着贴现率的上升而减少。

永续年金是指定期持续产生的固定现金流，其现值为现金流除以贴现率。对永续年金来说，最常见的例子就是永续债券，即持续支付固定利息（或息票）的债券。

一笔每年支付 60 美元息票的永续债券，如果贴现率为 9%，那么其价值为：

$$\frac{60 \text{ 美元}}{0.09} = 667 \text{ 美元}$$

增长永续年金是指有望有固定增长率持续增长的现金流。永续年金的现值可以表示为：

$$\frac{\text{下一年预期现金流}}{（\text{贴现率} - \text{预期增长率}）}$$

虽然增长永续年金和增长年金存在一些共同之处，但由于增长永续年金是持续存在的，所以其增长率也会受到限制。要使方程式成立，增长率必须低于贴现率，但一个更为严格的条件是，该增长率必须低于经济的名义增长率，因为没有任何一项资产的现金流的增长速度会永远快于经济的增长速度。

举一个简单的例子。假设你正在评估一只前一年股息为 2 美元的股票，且你期望这些股息能以每年 2% 的速度持续增长；考虑到它的风险，你对这笔投资所要求的回报率为 8%。基于这些输入数据，你可以利用永续增长模型来评估该股票：

$$\frac{下一年预期股息}{（所需回报率-预期增长率）} = \frac{2 \times 1.02}{(0.08-0.02)} = 34.00 \, 美元$$

对于所有的金融资产来说，这些现金流都是最根本的基石。债券、股票或房地产最终都可以分解为不同的现金流。如果你可以折现这些现金流，那么就可以评估所有的资产。

抗拒风险

当股票最初在 16~17 世纪交易时，有关股票的信息是非常匮乏的，而获得这些有限信息的方式也是非常少的。只有非常富有的人才会投资股票，即便是他们，也经常会陷入骗局。自 20 世纪初，随着新的投资者进入金融市场，收集单只证券回报率及价格数据的服务开始推出，基本的风险度量也崭露头角，虽然这些风险度量都过于简单。比如说，一只支付高股息的铁路股票的风险会被认为低于制造企业或航运企业股票的风险。

20 世纪 50 年代早期，芝加哥大学一个名为哈里·马科维茨的博士生指出，投资组合的风险可以用一个函数来表示，该函数既包括每只证券的投资额以及它们各自的风险，也包括这些证券的共同运动方式。他表示，如果同一投资组合中的证券朝着不同的方向运动，那么该投资组合的风险就低于单只证券的风险；投资者应该持有多样化的投资组合而非单只股票，因为这可以更好地降低风险。

举例来说，当你投资迪士尼公司时，你会面临什么样的风险。你所面临的部分风险与该公司息息相关：它的下一步动画影片的票房收入或许会低于预期，而其在香港新建的主题公园所吸引的游客或许并没有预计的那么多。部分风险不仅仅会影响到迪士尼，而且也会影响到其所在行业的其他竞争者：改变电视业行业性质的立法会导致迪士尼-美国广播电视集团利润率的变化，而关于该集团的评级将取决于其新节目相对于其他竞争者的优势。此外，还有一些源于宏观经济因素的风险，而这些风险会在不同程度上影响市场上的大多数公司或所有公司：利率上升或经济衰退将会导致所有公司的利润率下降。需要注意的是，在所有这些维度上，你都会获得或比预期好或比预期坏的消息。如果你把所有的资金都投在了迪士尼公司，那么你将会面临所有这些风险。如果迪士尼只是一个包含众多股票的大型投资组合的一部分，那么影响一家或几家公司的风险将会在投资组合中被均分：因为每一家情况不及预期的公司都对应着一家情况好于预期的公司。影响众多公司或大多数公司的宏观经济风险是无法分散的。在马科维茨的世界里，作为公开上市公司的投资者，这种风险是你应该考虑的唯一风险。

如果你接受马科维茨的观点，认为你唯一关心的风险就是无法分散的风险，那么你该如何度量一家公司所面临的这种系统性风险？最常用的模型是20世纪60年代初提出的资本资产定价模型（CAPM）。该模型假定投资者不会面临任何交易成本，而且都分享同样的信息。由于多元化投资没有成本，且不这样做就不会有收益，所以每个投资者都会持有一个包含所有交易资产的、超多元化的投资组合（称为市场投资组合）。如此一来，任何资产的风险都变成了以 β 为度量的"市场投资组合"的风险。β 是一个相对风险度量，其标准值约为 1；如果一只股票的 β 值大于 1，则它面临的市场风险高于平均风险，而小于 1 则低于平均风险。

由此，投资的预期回报可以写为：

无风险收益率+β（平均风险投资的风险溢价）

资本资产定价模型直观且简单易用，但它是建立在不现实的假定之上的。更令人忧虑的是，过去几十年的研究表明，资本资产定价模型的β值在解释股票回报差异方面并不出色。如此一来，两个类别的模型便成了资本资产定价模型的替代者。第一个类别是多β模型，其通过多个β（而非单一β）来衡量多元化投资组合的风险，每一个β对应不同类型的市场风险，并以其自身的风险溢价进行衡量。第二个类别是代理模型，其着眼于以往赢得高回报的公司特征（如小型市值和市净率），并以此作为风险度量。

毋庸置疑，所有这些模型都存在缺陷：要么是因为建立在不现实的假定之上，要么是因为参数难以准确预测。然而，以下几点却是无可争辩的：

> 风险很重要。即便你不同意投资组合理论，那么在投资时你也不能忽视风险。

有的投资的风险更高。如果你不使用 β 作为相对风险度量，那么你必须要有一个替代的相对风险度量。

风险价格影响价值，而市场确定风险价格。

你或许不认可资本资产定价模型或多 β 模型，但你必须要有衡量风险的方法并将风险融入你的投资决策中。

会计基础

基本的会计报表有 3 种。第一种是资产负债表，它概述了某一时间点上一家公司所拥有的资产、这些资产的价值，以及用以支持这些资产的债务和股权的组合。损益表提供的是公司在某一时间内的运营及其赢利信息。现金流量表反映的是公司在其运营、融资和投资活动中所产生的或支出的现金量。

会计师如何衡量资产的机制？对于大多数固定资产和长期资产——例如土地、建筑物和设备——来说，他们首先要考察的是最初为该资产支出的成本（历史成本），并用其减除资产老化的价值（折旧或摊销）。对于短期资产（流动资产）包括库存（原材料、在制品和制成品）、应收款（欠该公司的全部款项）以及现金来说，会计师更愿意使用现值或市值。如果一家公司投资证券或其他公司的资产，且该投资是以交易为目的的，那么它会被按照最新市值计算，若不以交易为目的，则按历史成本计算。在特殊情况下，若持有另一家公司（子公司）50%以上的价值，则该公司必须将子公司的资产和负债记入其资产负债表（这被称作合并），并用一个少数股权项来表示非其所持有的子公司的比例。最后，你还要面对范围宽泛的无形资产。虽然你一般会把品牌、客户忠诚度和训练有素的劳动人口视为无形资产，但在会计中，最常见的无形资产还是商誉。当一家公司并购另一家公司时，它所支付的价格首先划入所购公司的现有资产。任何多付的价格都会成为商誉，并被记为资产。如果会计师认为并购后目标公司的价值下降，那么商誉也会降低或受损。

　　如同资产价值的衡量一样，会计中的负债和股权分类也遵循一套非常严格的原则。流动负债包括公司在下一个会计期间到期的债务，如应付账款和短期借款，且这些项目通常以其当期市值计价。包括银行贷款和公司债券在内的长期债务通常以发行时的面值计价，而不是以市值计价。最后，资产负债表上显示的股权会计计量反映了公司在发行股权时所获得的原始收益，而此后的任何赢利都会导致该收益增长（如果发生亏损的话，则会减少），任何股息支付和股票回购都会导致该收益减少。

会计盈余和利润率的衡量遵循两个原则。第一个原则是权责发生制原则，即出售商品或服务的收入记入该商品出售或该服务履行（整体上或大体上）时的当期，相应地，产生收入的各项支出也被记入当期。第二个原则是将支出分为运营费用、财务费用和资本费用。运营费用理论上是指仅为本期提供收益的支出，用于制造在当期出售商品的人力成本和原材料开支就是一个很好的例子。财务费用常为用于企业筹集资本的非股权融资，最常见的例子是利息费用。资本费用有望在多个期间产生收益；比如说，购买机器和建筑物的花费被视为资本费用，并以折旧或摊销的形式分摊。从收入中扣除运营费用和折旧后便得到运营收入，而扣除利息和税费后的利润便是净利润。

若要以相对形式衡量赢利能力，你可以通过计算利润在收入中的比例来估算其利润率，从运营方面看，运营利润率=运营收入/销售额，而从股权投资者角度看，净利润=净收益/销售额。若衡量一家公司资本投资的好坏，我们可以考察其税后运营收入相对于投资该公司的资本情况，此处的资本为债务和股权的账面价值（BV）之和，并扣除现金和可转售证券。这就是资本收益率（ROC）或投入资本收益率（ROIC），其可用如下公式计算：

$$税后ROC= \frac{运营该收入（1-税率）}{债务账面价值+股权账面价值-现金}$$

资本收益率在不同行业的公司之间差别很大，在竞争性行业中趋于降低。股权收益率（ROE）从股权投资者的角度考察赢利能力，即将股权投资者的利润（扣除税金和利息费用后的净利润）与股权投资的账面价值关联起来。它可以通过如下公式计算：

$$ROE= \frac{净收入}{普通股权的账面价值}$$

会计资产负债表之所以有用，是因为它为我们提供了有关公司投资和筹集资本的信息，但这都是历史信息。要想看到一个更具前瞻性的画面，我们不妨考虑另一种报表，即财务资产负债表，如表 2-1 所示。

表 2-1　财务资产负债表

	指标	释义
	在用资产	已做出投资的价值，可反映当前现金流的潜力
+	增长性资产	公司未来预计会做出投资的价值（这取决于成长性机会的洞察力）
=	企业价值	企业价值为在用资产和增长性资产之和
−	债务	在运营、现金收益和清算中对现金流有第一请求权的贷款者
=	股权价值	股权投资者在偿付债务后所得的价值

从表面来看，财务资产负债表与会计资产负债表颇为相似，但它有两个重要特点。首先，它并不是基于资产寿命或有形资产/无形资产对资产进行划分，而是将资产划分为公司已经投资的资产（在用资产）和公司将来预计投资的资产（增长性资产）。其次，价值反映的是现值，基于的是对未来的预期。因为资产是以现值计的，所以债务和权益的价值也会发生相应的变化。不论是美国会计准则还是国际会计准则，它们都在推进公允价值会计。简而言之，这将会让会计资产负债表更像财务资产负债表。

了解数据

时下，在进行财务分析时，我们所面临的问题并不是我们拥有的信息太少了，而是我们拥有的信息太多。在对公司进行分析时，我们不可避免地会面对大量的而且经常是相互矛盾的信息。统计学可以让这种分析变得更加容易。

数据的呈现方式有 3 种。第一种，也是最简单的一种，就是提供单一数据项，并让使用者搞清楚这些数据。比如说，有分析师用市盈率来比较一家化学公司与其他 4 家化学公司的表现，他所使用的就是单一数据。随着数据项的增多，追踪单一数据将会变得愈加困难。这时，我们就需要对数据进行概括。在这些概括统计中，最常见的就是所有数据项的平均值，以及衡量平均值偏差幅度的标准方差。概括统计虽然有效，但有时候也会造成误导。因此，当成千上万条信息摆在你面前时，你可以将这些数字分解成单值（或者值域），并指明属于某个值或值域的单一数据项的个数，这被称为频数分布。以分布的方式呈现数据具有双重优势。首先，即便是最大规模的数据集，你也可以将其归纳在一个分布中，并可确定哪些值发生的频率最高，以及高低值之间的幅度。其次，这样一个分布与许多常见的统计分布比较相似。比如说，正态分布是对称分布，其顶点居于分布的中心，尾部延伸至无限正值或无限负值。然而，并非所有的分布都是对称的。有的偏向于极正值，并呈正偏态分布，有的偏向于极负值，并呈负偏态分布，如图 2-1 所示。

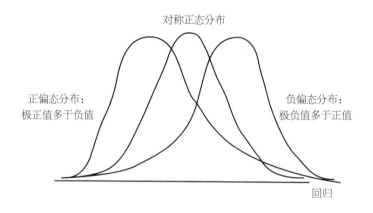

图 2-1　正态和偏态分布

为什么你应该关注？在偏态分布中，平均值或许并不是一个衡量典型特征的好方法。在正偏态/负偏态分布中，它将会被极正值/极负值推高或压低。在这些分布中，中位数——即这个分布的中点值（一半的数据点比它高，一半的数据点比它低）——会成为更好的指标。

当考察两组数据时，了解两个变量之间是否存在关系以及一个变量的运动如何影响另一个变量是非常有用的。以两个被普遍追踪的变量——通货膨胀和利率——为例，并假定你要分析它们之间同步变动的关系。关于这种变动，最简单的衡量方式就是相关系数。在通货膨胀上升时，如果利率也上升，那么这两个变量就是同步变动的，而且彼此之间是一种正相关；在通货膨胀上升时，如果利率下降，那么它们之间就是一种负相关。相关系数趋于零表明利率和通货膨胀之间并不存在关系。虽然相关系数是可以告诉你两个变量是如何同步变动的，但简单回归可以让你获得更多信息。比如说，你想知道通货膨胀的变化是如何影响利率变化的。你可以在散点图中标出 10 年间利率和通货膨胀的数据，如图 2–2 所示。

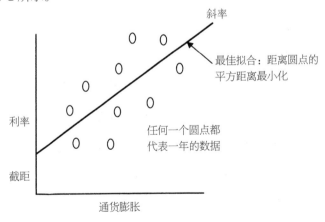

图 2–2　利率相对于通货膨胀的散点图

散点图上的每一个圆点都代表一年的数据。当回归直线拟合时，两个参数就出现了——一个是回归的截距，另一个是回归直线的斜率。在本例中，假设回归输出为：

$$利率 = 1.5\% + 0.8 \times 通货膨胀率 \times R^2 = 60\%$$

截距表示的是通货膨胀为零时，利率的值；在本例中，该值为 1.5%。回归斜率（b）表示的是利率在通货膨胀每变动 1% 时的变动情况；在本例中，该值为 0.8%。当这两个变量为正相关（负相关）关系时，斜率也会为正值（负值）。这一回归等式可用来估算因变量的预测值。因此，如果你预计通货膨胀率为 2%，那么利率将会为 3.1%（1.5%+0.8×2%=3.1%）。在多元回归中，你可以通过这一方法利用多个自变量来解释一个因变量。比如说，你可以利用通货膨胀率和整体经济增长率来解释利率的变化。在简单回归和多元回归中，R^2 都可以解释因变量的变动百分比，而因变量的变动则可以通过一个或多个自变量解释；这样，60% 的利率变动就可以用通货膨胀率的变动来解释。

整装待发

通过本章所提供的工具，你可以做很多的事情。时间值概念可以用来比较和加总不同时期的投资现金流。财务中的风险和回报模型可以用来评估公司的投资成本，广而言之，还可以用来评估不同行业的公司的价值。收益和现金流数据大都来自于财务报表。最后，基于我们所接触到的庞大的信息量，作为压缩数据并可提供各数据项之间关系的统计指标具有重要意义。让我们行动起来，利用本章所提供的估值工具箱，对具体的公司进行具体分析。

THE LITTLE BOOK OF
VALUATION

第三章

任何资产都有内在价值：

确定内在价值

假设你是一名投资者，准备投资 3M（MMM）——一家为办公和商务市场提供诸多产品的公司——的股票。基于当前你所得到的关于该公司的信息，你可以通过公司的投资来估算预期现金流，并对这些现金流的风险进行评估。将这些预期转换为对 3M 公司价值的预估是本章的重点。

评估公司还是评估股票？

在对贴现现金流进行估值时，你是按照一个风险可调整利率对预期现金流贴现。在对公司进行估值时，方法一就是利用现有的投资和增长性资产对整个公司进行估值，这通常被称为公司或

企业价值评估。方法二是只对公司的股票进行估值。表3-1按第
二章中介绍的财务平衡项目对两种方法作了说明。

表 3-1　估值选择

	指标	释义
	在用资产	
+	增长性资产	
=	企业价值	对整个企业进行估值，依照总体融资成本，对债务偿付前的现金流（公司现金流）贴现，包括债务和股权（资本成本）
−	债务	从企业价值中减除债务后，可得到股权价值
=	股权价值	对股权直接估值，依照股权成本对债务偿付后的现金流（股权现金流）贴现

据此，我们探讨一下你是否应该购买3M国内公司的股票，
以下是你的选择。你可以对3M这个公司进行估值，然后减去公
司的债务，即可得到其股票的价值。或者，你可以直接对公司的
股权进行估值，关注3M公司偿付债务后的现金流，并按照股票
的风险进行调整。如果按正确方式计算，那么这两种方法所得出
的每股股票的价值应该是相似的。

内在估值的输入项

在对价值进行估算时，我们需要4个基本的输入项：现有资

产的现金流（再投资需求和税金的净值）、预测期内这些现金流的预期增长、资产融资的成本，以及公司在预测期期末的价值估算。这4个输入项既可以从公司投资者的角度定义，也可以从股权投资者的角度定义。接下来，我们将以3M公司为例进行阐述，其中所用数据为该公司于2008年9月的数据。

现金流

如果你打算购买一家公司的股票，那么衡量该公司现金流最简单且最直接的指标就是股息支付；3M公司在2007年支付了13.8亿美元的股息。但关注股息也有一个局限，那就是很多公司已经从派息转变为股票回购，并以此作为公司对股东的现金回报机制。一个简单的调整方式，就是将用于股票回购的现金加到股息中，查看回报股东的累积现金。

扩大后的股息=股息+股票回购

不同于股息，在某些年份，股票回购会大幅增加，而这就需要平均到几年之中，以便得到一个更合理的年度数字。在2007年，3M公司回购了32.4亿美元的股票；将这一数字与13.8亿美元的股息相加，即为扩大后的股息，计46.2亿美元。

不论是股息还是扩大后的股息，原则上，公开上市公司的经理人要向股东支付扣除运营和再投资需求之后所有多余的现金。然而，我们知道，经理人并不总是会遵循这一原则，一个明显的证据就是在大多数公开上市公司的报表上，你会看到庞大的现金余额。为估算经理人对股权投资者的回报，我们建立了一个衡量潜在股息的指标，此即我们所谓的股权自由现金流。直观上讲，股权自由现金流衡量的是扣除税金、再投资需求和债务现金流之后的现金，具体指标见表3-2。

表3-2　从净收入到潜在股息（或股权自由现金流）

	指标	释义
	净收入	股权投资者的收益，扣除税金和利息费用
+	折旧	会计费用（减少的收益），但不是现金费用
−	资本支出	不是会计费用，但仍是现金流出
−	非现金营运资本的变化	若库存和应收账款增加，现金流则减少；应付账款增加，现金流增加；营运资本增加，现金流下降。
−	（本金偿付-新债发行）	本金偿付是现金外流，但新债务会产生现金流入。净改变法影响权益现金流。
=	潜在股息或股权自由现金流	这是指满足了所有需求之后的现金。如果是正值，则表明有潜在股息。如果为负值，则为资金短缺，且必须注入新的股权。

在衡量再投资时，我们首先要从资本支出中减掉折旧；由此得到的净资本支出代表是长期资产的投资。在衡量一家公司的短期资产（库存、应收账款，等等）再投资时，我们需要考察非现金营运资本的变化情况。将净资本支出与非现金营运资本的变化相加，得到的就是再投资总额。这一再投资会减少股权投资者的现金流，但从未来增长来看却是有益的。以3M公司为例，在2007年，潜在股息或股权自由现金流（FCFE），可以用以下方式计算：

	净收入	=	4 010 000 000 美元
−	净资本支出	=	899 000 000 美元
−	营运资本的变化	=	243 000 000 美元
+	新发行债务	=	1 222 000 000 美元
=	FCFE	=	4 100 000 000 美元

3M公司在2007年的再投资金额为1 132 000 000美元（899 000 000美元+243 000 000美元），而潜在股息为41亿美元。关于股权现金流，一个更为保守的版本就是沃伦·巴菲特所谓的"所有者收益"，但它忽视了债务的净现金流。就3M公司而言，其在2007年的所有者权益为2 878 000 000美元。

公司现金流是扣除税金和所有再投资之后的现金，但未扣除利息和债务的本金偿付。要计算公司现金流，你首先要从运营收益而不是净收入开始，然后减除所支付的税金和再投资，这同股权自由现金流的计算方式是完全一样的。

$$公司自由现金流（FCFF）=税后运营收入-$$
$$（净资本支出+非现金营运资本的变化）$$

基于之前对再投资的定义，我们也可以将FCFF写成：

$$再投资率=\frac{（净资本支出+非现金营运资本的变化）}{税后营运收入}$$

$$公司自由现金流=税后运营收入（1-再投资率）$$

公司的再投资率可以超过100%（实际上，公司将不得不新增债务或新增股权以弥补过度的再投资），亦即公司的再投资超过了它的收益；公司的再投资率也可以小于零，比如说被剥夺资产和资本缩水的公司。股权自由现金流和公司自由现金流都是扣除税金和再投资之后的，两者皆可为负值，这或是因为公司收益为负，或是因为再投资需求超过收入。两者之间的主要区别是，股权自由现金流是扣除债务现金流之后的现金流，而公司自由现金流则未扣除债务现金流。3M公司在2007年的公司自由现金流，计算如下：

扣除税金后的运营收入	=	3 586 000 000	美元
－ 净资本支出	=	889 000 000	美元
－ 运营资本的变化	=	243 000 000	美元
= 公司自由现金流	=	2 454 000 000	美元

这表示的是3M公司在2007年的运营现金流。

风险

相比于更稳定的现金流，风险较高的现金流应被估以较低的价值。在传统的贴现现金流估值模型中，对于风险较高的现金流，我们会给予一个较高的贴现率，而对于相对安全的现金流，我们则会给予一个较低的贴现率。风险的定义将取决于你的估值对象是公司的业务还是仅局限于股权。在对公司业务进行估值时，你考察的是公司运营中的风险。在对股权进行估值时，你考察的是该业务中股权投资的风险，而这则取决于两个方面，一是公司所经营业务的风险，二是公司愿意用多少债务来支持这一业务。如果公司用足够多的债务去支持某一业务，那么原本安全的业务，其股权的风险也会上升。就贴现率而言，业务股权的风险是用股权成本衡量的，而业务的风险则是用资本成本衡量的。后者是股权成本和债务成本的加权平均值，而这些权重则反映了各资金来源的使用比例。

股权成本的估算需要3个输入项：用于衡量所有投资的无风险利率和价格风险（股权风险溢价），以及用于衡量单一投资的相对风险（β）。

> 无风险利率：鉴于只有那些不能违约的实体才能发行无风险证券，所以我们通常使用10年期或30年期的政府债券利率作为无风险利率。显然，我们的前提条件是政府不会违约。

> 股权风险溢价（ERP）：股权风险溢价是指投资者投资股票时所要求的以年度为基准的溢价——这是相对于无风险投资而言的，其涉及两个方面，一是投资者对风险的认识，二是投资者对这种风险的承受度。为估算这一数字，分析师通常会考察过去的数据；比如说，1928~2010年，以年度为基准，

股票的收益超过国债4.31%。另一个方法就是预见性溢价（称为隐含股权风险溢价），考察的是当前股价水平和预期未来现金流。2011年1月，美国的隐含股权风险溢价约为5%。

　　相对风险或β：为估算β，我们通常会考察一只股票在过去相对于市场的变动情况。从统计学角度来讲，这是该股票（如3M）的收益相对于市场指数（如标准普尔500指数）的回归斜率。因而，我们所取得的β的估算值都是向后看的（因为它们都源于过去的β），且都是充满噪音的（因为估算存在误差）。解决方案之一，就是如果公司仅经营一种业务，那么就用行业平均β替代回归β，如果公司经营多种业务，那么就用多部门的加权平均β替代回归β。部门β之所以比单一回归β准确，原因就在于若取多个β的平均值，你的错误也会被平均分摊。

2008年9月，无风险利率被设定为10年期国债的利率，即3.72%，而股权风险溢价则被估算为4%，通过考察3M的运营业务，我们可以求得该公司的β值，如表3-3所示。

表 3-3　3M公司的 β 值

业务	3M公司的估算值	所占公司比例	部门 β
工业和运输	8 265	27.42%	0.82
健康护理	7 261	24.09%	1.40
显示和图像	6 344	21.04%	1.97
消费和办公	2 654	8.80%	0.99
安全、安保和防护	3 346	11.10%	1.16
电子和通信	2 276	7.55%	1.32
3M公司	30 146	100.00%	1.29

　　3M各业务部门的估算值是按照该公司于2007年所报告的收入估算的，而这些收入的倍数则是通过考察其他公司同业务部门的交易来估算的。由此，我们可以得出 β 值为1.29，而股权成本为9.16%：

$$股权成本＝无风险利率＋β×ERP$$

$$＝3.72\%+1.29×4\%$$

$$＝9.16\%$$

　　股权投资者获得的是剩余现金流，承担的是这些现金流的风险，而为公司提供贷款的人所面临的风险，则是他们可能收不回已承诺的款项——利息费用和本金偿付。为应对这种风险，贷款人在为公司提供贷款时会在无风险利率上面加上一个违约利差；所感知的违约风险越大，违约利差和债务成本就越大。为估算这种违约利差，你可以使用债券评级（如果有的话），比如说，评级机构标准普尔和穆迪的评级。如果没有已发布的债券评级，你可以基于运营收入对利息费用的比率（利息覆盖率）估算出一个关于该公司的"综合"评级；高利息覆盖率对应高评级，低利息覆盖率则对应低评级。一旦有了债券评级，你就可以通过考察对应该评级的公开交易债券来估算违约利差。通过计算，我们得出3M公司在2008年9月的利息覆盖率为23.63：

$$\text{利息覆盖率} = \frac{\text{运营收入}}{\text{利息费用}} = \frac{5\,361\,\text{百万美元}}{227\,\text{百万美元}} = 23.63$$

从所得的利息覆盖率来看，该公司违约的风险很小，因此我们给予AAA评级，若转换为违约利差，其在2008年9月为0.75%。

估算债务成本所需的最后一个输入项是税率。由于利息费用可以帮你节省以边际税率计算的税金（超额累进税率），所以，这里的税率是指适用于累进超额部分的税率或边际税率。在美国，联邦公司税的税率为35%，再加上州和地方政府的税，公司在2008年的边际税率接近40%。基于无风险利率（3.72%）、违约利差（0.75%）和边际税率（40%），我们估算出3M公司的税后债务成本为2.91%：

$$税后债务成本 = （无风险利率+违约利差）×（1-边际税率）$$
$$= （3.72\%+0.75\%）（1-0.40）$$
$$= 2.91\%$$

在估算出债务成本和股权成本之后，你还需要基于市值（而非账面价值）估算各自的比重。对于公开上市公司，用股价乘以已发行股票数量即可得到股权市值。一般来说，债务市值的估算要更难一些，因为大多数公司都有一些不可交易的债务，而且很多从业者使用的是债务的账面价值。我们再以3M公司举例说明，股权市值和债务市值分别为570亿美元和53亿美元，而我们之前估算的股权成本和税后债务成本分别为9.16%和2.91%，由此得到该公司的资本成本为8.63%。

$$资本成本 = 9.16\% \times \left[\frac{570\ 亿}{(570\ 亿 + 53\ 亿)} \right] + 2.91\% \times \left[\frac{53\ 亿}{(570\ 亿 + 53\ 亿)} \right]$$

$$= 8.63\%$$

在对公司估值时，我们会基于这些权重是否会发生变化而做出一个后续判断。如果我们假定它们会发生变化，我们需要明确指定公司的目标配合比，以及这种变化会在什么时候发生。

增长率

在预测增长率时，分析师通常会使用过去的数据，例如收入或收益的增长率，并以此为基础预测未来的增长率。然而，基于不同的计算方法，同一公司的历史增长率也会有所不同：追溯时间的长短、衡量收益（净收入、每股收益、运营收入）的标准，以及如何计算平均数（算术平均还是几何平均）。以 3M 为例，基于时限（1 年、5 年或 10 年）的不同，以及衡量收益（每股收益、净收入或运营收入）标准的不同，该公司的增长率从 6% 到 12% 不等。更为糟糕的是，有研究表明，大多数公司过去和未来之间增长率的关联性并不是很大，增长率可能会随着公司的成长而大幅下降，而不同时期的增长率也可能会存在巨大差异。

另外一个方法，你可以求助于那些比你更了解该公司的"专家"——追踪该公司多年的股权分析师或该公司的经理人，然后利用他们估算的增长率。好处是，相比于大多数投资者，这些预测者可以获得更好的信息。坏处是，无论是经理人还是股权分析师，他们对未来的判断都不是客观的；经理人可能会高估公司的成长能力，而分析师则有他们自己的偏见。研究表明，分析师和管理层对公司未来增长率的预测，尤其是长期预测，与历史增长率一样，都存在缺陷。

既然历史增长率和分析师预测的参考意义不大，那么解决方案又是什么？从根本上讲，一家公司的成长，要么是更好地管理现有投资（效益增长），要么是进行新的投资（新投资增长）。要了解效益增长，你要考察它削减成本和提升利润率的潜力。它可能会在短期快速增长，尤其是那些管理不善的成熟公司，但这种增长并不会永远持续下去。要衡量新投资的增长率，你应该考察公司收益中有多少被重新投到了所经营业务中，以及这些投资的回报情况。由于再投资和投资回报都是一般性术语，所以我们对它们的界定将取决于我们考察的是股权收益还是运营收入。就股权收益而言，我们衡量的是，在未作为股息支付的净收入中，再投资所占的比例（留存比率），并用股权回报衡量投资质量。就运营收入而言，我们用再投资率来衡量再投资，用资本回报来衡量投资质量。在表 3-4 中，我们对 3M 公司在 2008 年 9 月的基本增长率进行了估算。

对于 3M，我们所估算的基本增长率为 7.5%，这反映了该公司未来再投资的数额和质量。按照 7.5% 的运营收入增长率和 30% 的再投资率，我们在表 3-5 中对 3M 公司在未来 5 年中的预期现金流进行了估算。

表 3-4　3M 公司的基本增长率（估算值）

收益增长	=	投资比率	×	投资回报
运营收入 7.5%	=	再投资率 30%	×	资本回报 25%
净收入 7.5%	=	留存比率 25%	×	股权回报 30%

表 3-5　3M 公司预期公司自由现金流　（单位：亿美元）

	当前	第 1 年	第 2 年	第 3 年	第 4 年	第 5 年
税后运营收入	35.86	38.54	41.44	44.54	47.88	51.47
－再投资（收入的 30%）		11.56	12.43	13.36	14.37	15.44
＝公司自由现金流		26.98	29.00	31.18	33.52	36.03

期末价值

公开上市公司可以永远存在下去，至少从理论上讲是这样的。由于我们无法估算永无休止的现金流，所以我们通常会在估值模型中设定一个期限，将现金流的估算限定在将来的某一个时间，然后计算反映该时间点估算价值的期末价值。我们可以通过两种合理的方法来估算期末价值，一是估算公司资产的清算价值（假定公司资产在期末年份被出售），二是估算公司的持续经营价值（假定公司的运营会持续下去）。

如果我们假定公司业务将会在期末年份终止，而它的资产也会在此时被清算，那么我们可以利用市场数字（如待售地产等资产的现值）和估算值来估算资产清算的收益。对于那些永续经营且拥有可交易资产的公司来说，这是一种相对保守的估算期末价值的方式。

如果我们将一家公司视为永续经营公司，那么在估算期末期的价值时，我们可以假定现金流在期末之后会以一种固定的比率持续增长。对于这一永续增长模型，我们可以通过一个简单的现值等式得出期末价值：

$$第 n 年的期末价值 = \frac{（n+1）年的现金流}{贴现率 - 永续增长率}$$

现金流和增长率的定义应与我们的估值对象相一致，即是对股息、股权现金流估值还是对公司现金流估值；对于前两者来说，贴现率将会是股权的成本，而就后者而言，贴现率则是资本成本。由于期末价值等式对细微变化非常敏感，所以极易被滥用，因此在对其进行估算时应附以 3 个关键的限定条件：首先，任何公司的增长率都不会永远高于其所在经济体的增长率。事实上，一个简单的经验法则是，稳定增长率不应超过估值中所用的无风险利率；无风险利率是由预期通货膨胀率和一个实际利率组成的，而从长远来看，这应与经济的名义增长率相当。其次，在公司从快速增长转入稳定增长时，我们要将其视为稳定增长公司；一般来说，它们的风险水平应接近市场风险水平（β 为 1），而债务比率则应提升到行业标准水平。再次，稳定增长公司应有足够的再投资，以维持假定的增长率。基于预期增长率中增长率、再投资率和回报率的关系，我们可以对再投资率做出估算：

$$再投资率 = \frac{运营预期增长率（净收入）}{资本回报率（股权）}$$

由此可见，若提高增长率，其对期末价值的影响将会被现金流的亏损部分抵消或全部抵消，因为再投资率也会更高。在稳定增长率提高后，不管价值上升还是下跌，都将会完全取决于你所假定的投资回报。在稳定增长期，如果资本回报（股权回报）高于资本成本（股权成本），那么提高稳定增长率，价值也会上升。如果资本回报与稳定期的资本成本相同，那么提高稳定增长率并不会对价值产生影响。在期末价值计算中，一个关键的假设并不是你在估值中所用的增长率，而是与该增长率相伴相随的超额回报。有分析师认为，零超额回报是稳定增长的唯一合理假定，因为没有公司可以永远维持竞争优势。而实际上，拥有强大的、可持续竞争优势的公司可以长期维持一个相对适中水平的超额回报。

以 3M 为例，我们假定该公司在第 5 年后进入稳定期，且以每年 3% 的速度持续增长（比照无风险利率）。第 5 年后，公司增长率下滑，β 调整为 1，而债务比率则提至 20% 的行业平均水平，以反映公司整体稳定性。因为债务成本相对较低，我们保持其不变，结果是资本成本下降至 6.76%。稳定增长期的再投资率将会发生变化，以反映稳定增长期将不会有超额回报的假定（资本回报＝资本成本=6.76%）。

$$稳定增长期再投资率 = \frac{3\%}{6.76\%} = 44.40\%$$

第 5 年年底的期末价值为 784.64 亿美元（第 6 年的税后运营收入按第 5 年收入增长 3% 计算）。

$$\frac{第6年的税后运营收入（1-再投资率）}{资本成本-预期增长率}$$

$$= \frac{51.47 亿 \times 1.03 \times （1-0.444）}{0.067\,6-0.03} = 784.64 亿美元$$

按表 3–3 中，8.63% 的资本成本对期末价值和现金流贴现，可得到运营资产价值为 642.91 亿美元。

$$\frac{26.98 亿}{1.086\,3} + \frac{29 亿}{1.086\,3^2} + \frac{31.18 亿}{1.086\,3^3} + \frac{33.52 亿}{1.086\,3^4} + \frac{（36.03 亿+784.64 亿）}{1.086\,3^5} = 642.91 亿美元$$

抓好细枝末节

按风险调整利率对现金流贴现可得到一个估算值，但你如何计算每股的价值？如果按股权成本以每股为基准对股息或股权自由现金流贴现，那么你可以估算每股的价值。如果你对公司现金流贴现，那么在估算每股价值时，你要在如下 4 个方面进行调整。

1. 加入现金余额：公司自由现金流是建立在运营收入之上的，你并没有考虑源于现金的收入或使该收入成为价值的一部分。

2. 调整交叉持股：加入你在其他公司所持的少量股权的价值，所持的这些股权的收入并未包括在你的现金流内。如果你持有另外一家公司的多数股权，那么按照要求，你要合并和上报该子公司 100% 的运营收入并将其作为你自己的收益，但这其中还包括少数股东权益，而按照会计估计，该子公司的这一部分权益并不归你所有。因此，你必须从合并的公司价值中减除少数股权的估计市值。

3. 减除其他潜在负债：如果你有资金不足的养老金计划或医疗保健计划，或正在进行的、可能产生庞大负债的诉讼，那么你必须估计一个值，并将其减除。

4. 减除管理层期权的价值：当公司给予雇员期权时，分析师通常会利用一些捷径来处理这类事宜（比如说调整摊薄后股票数量）。正确的方法是利用期权定价模型对这些期权进行估值，用股权价值减去期权价值，然后除以已发行股票的实际数量。

以 3M 为例，我们将现金余额加入，然后再从运营资产的价值中减除债务和管理层期权的估计值，由此便可得到期权价值，为 610.31 亿美元。

3M 期权价值＝运营资产价值＋现金−债务−管理层期权

＝ 642.91 亿＋32.53 亿−52.97 亿−12.16 亿

＝ 610.31 亿美元

如果将此数字除以 6.99 亿——当时已发行股票的数量，可得到每股价值为 87.31 美元。

这些模型告诉我们什么？

如果你通过现金流和风险估算值计算的内在价值与市场价格之间存在严重偏差，那该怎么办？如下是 3 种可能的解释。

第一种解释是，在公司的未来增长潜力或风险上面，你做出了错误的或不现实的假定。第二种解释是，对于整个市场的风险溢价，你做出了错误的解释。第三种解释是，市场价格是错误的，而你的价值评估是正确的。即便是最后一种解释，也不能保证你会因你的正确评估赚钱。若发生这种情况，市场必定会对其错误进行修正，而这又不可能在短期内完成。事实上，你可以购买那些你认为被低估的股票，而随着时间的推移，你会发现它们所受的低估比你认为的还严重。较长的时间范围可以说是利用内在估值模型的一个先决条件。给予市场更多的时间（比如说 3~5 年），让它去修正自身的错误，那么你会获得更好的机会。你最好不要指望它在下一个季度或在接下来的 6 个月里实现自我修正。

通过计算，我们得出 3M 公司在 2008 年 9 月的每股股票的内在价值为 86.95 美元，高于当时每股 80 美元的价格。虽然该股票看起来是被低估了，但被低估的程度（不足 10%）正好在估值的误差范围之内。所以，我并不急于在当时购买。几个月后，我对该公司进行了重新估值，结果为每股 72 美元，而当时的交易价格为每股 54 美元，所以便买入该股票。

一切都在于内在价值

公司的内在价值反映了它的基本面。现金流、增长率和风险的估算无一不与内在价值息息相关，而在估值时，其他通常与高价值相关的定性因素——比如说，优秀的管理团队、一流的技术和良好的品牌形象——也应被考虑在内。可靠的内在估值会让你受益匪浅。

THE LITTLE BOOK OF

VALUATION

第四章

一切都是相对的：

确定相对价值

如果戴尔的市盈率为 17 倍，苹果的市盈率为 21 倍，微软的市盈率为 11 倍，那么购买哪一只股票更好呢？戴尔的股票要比苹果便宜吗？相比于苹果和戴尔，微软的股票更便宜吗？它们是类似的公司吗？相对估值所比较的正是市场价格不同的公司，以让你找到有利可图的股票。

　　在相对估值中，你对资产的估值是建立在市场上类似资产的价格之上的。对于一个潜在的住房购买者来说，他会以周边地区类似的住房价格为参考，进而确定自己所要购买的住房价格。同理，在 2010 年通用汽车（GM）首次公开发行时，潜在的投资者会通过考察其他汽车公司的市场价格来估算通用汽车股票的价值。

以下是相对估值的 3 个基本步骤：

1. 找到由市场定价的可比较资产。

2. 将市场价格转换为共同变量，以生成可用于资产比较的标准价格。

3. 在比较资产的标准价值时，按它们之间的差异进行调整。

一套配备现代化设施的新住房价格理应高于面积相当的、需要装修的旧房子的价格，而在同一领域，增长率高的公司的股价理应高于增长率低的公司的股价。

相对于内在估值，相对估值的好处是你不需要太多的信息，而且所需的时间也更少，同时它也更能反映当时的市场情绪。因此，你所看到的大多数估值都是相对估值。

标准价值和倍数

比较那些非常相似的资产，极具挑战性。如果你比较的是两栋处于同一区域的面积不同的建筑物的价格，面积小的那栋建筑物的价格会相对便宜，当然，如果你是按每平方米的价格来计算则另当别论。在比较公开上市公司的股票时，每股股票的价格实际上是一家公司股权价值与该公司已发行股票数量之间的一个函数。在对市场上"相似"公司的股价进行比较时，公司的市值可以按照它的收益、它的会计账面价值或它所产生的收入进行标准化处理，也可以按照针对公司或领域的特定标准（顾客人数、认购人、单位，等等）进行标准化处理。在估算市值时，你有如下3种选择。

1. *股权市值：每股股票的价格或市值。*

2. *公司市值：债务和股权市值的总和。*

3. *运营资产或企业价值的市值：债务和股权市值的总和，但要从价值中扣除现金。*

在衡量收益和账面价值时，你同样可以仅从股权投资者的角度衡量，或从债务和股权（公司）的角度衡量。这样一来，每股的收益和净收入便是股权的收益，而运营收入衡量的是公司的收益。资产负债表上的股东权益是股权的账面价值，整个业务的账面价值包括债务，投资资本的账面价值是整个业务账面价值减除现金。举例来说：你可以用股权市值除以净收入，以估算市盈率（股权投资者为每一美元收益所支付的资金），或用企业价值除以

EBITDA（即息税折旧及摊销前利润），以了解运营资产相对于运营现金流的市值。之所以进行标准化处理，主要的原因还是我们希望在不同公司间对这些数字进行比较。

使用倍数的 4 个关键

倍数容易使用，也容易被滥用。如何有效地使用倍数，如何判断倍数被他人滥用，可遵循如下 4 个步骤：首先，确保它们的定义是一致的；其次，考察它们的分布特征；再次，考察决定它们的值的变量；最后，利用它们在各公司间进行比较。

定义性测试

即便是最简单的倍数，不同的分析师也会有不同的定义和计算方法。就公司的市盈率而言，其在计算时可能会使用不同的数据，如上一财年的收益（当前市盈率）、过去 4 个季度的收益（追溯市盈率）或未来 4 个季度的收益（预期市盈率），因此所得结果也会大相径庭。此外，这还取决于你使用的是摊薄收益还是基本收益。对于一个倍数，你在测试时首先要看分子和分母的定义是否相一致。如果分子用的是股权价值，那么分母也必须用股权价值。如果分子用的是公司价值，那么分母也必须用公司价值。举例来说，市盈率就是一个在定义上相一致的倍数，因为分子是每股股票的价格（股权价值），分母是每股股票的收益（同样是股权价值）。企业价值对EBITDA倍数也是如此，因为分子和分母都是关于运营资产的；企业价值衡量的是一家公司运营资产的市值，而EBITDA衡量的是运营资产所产生的现金流。与之相对地，市销率和市价/EBITDA率则不同，其分子和分母的定义就不一致，因为它们是用股权市值除以一个运营指标。通过这些倍数，你可以在债务负担过重的公司中找到便宜的股票。

在对同一组中的不同公司进行比较时，倍数必须要统一定义。也就是说，如果一家公司使用的是追溯市盈率，那么其他所有公司也都必须使用追溯市盈率，而每股的追溯收益也必须按统一的方式计算。就收益和账面价值指标而言，不同的会计标准会让相似的公司产生截然不同的收益和账面价值数字。即便是使用同样的会计标准，那么也可能会因自愿性会计选择的不同而导致不同。

描述性测试

在利用倍数对公司进行估值时，我们通常不清楚该倍数会在何时呈最大值或最小值。为此，我们首先要看一下概述统计，即关于该倍数的平均值和标准差。表 4-1 对广泛使用的 3 个倍数做了概述，并给出了关键统计数据（以 2010 年 1 月美国股票为例）。

表 4-1   倍数概述统计——2010 年美国股票

	当前市盈率	市净率	企业价值/ EBITDA	企业价值/ 销售
平均数	29.57	3.81	36.27	13.35
标准误差	1.34	0.30	17.04	5.70
中位数	14.92	1.51	5.86	1.13
偏态	12.12	41.64	64.64	68.99
最大值	1 570.00	1 294.00	5 116.05	28 846.00

对于这些倍数来说，最小值都是零，而最大值则非常庞大。它们的分布是偏向于正值的，这一点可以看 2010 年 1 月美国公司的市盈率分布，如图 4-1 所示。

从这一分布图中，我们可以得出一个重要教训，即无论是哪一个倍数，以平均值作为比较尺度都是危险的，而将关注点放在中位数上则更有意义。2010 年 1 月中位数市盈率约为 14.92，远低于表 4-1 中的平均市盈率 29.57，其他倍数也是如此。在 2010年 1 月，一只股票以 18 倍的市盈率交易并不便宜，即便这一数字

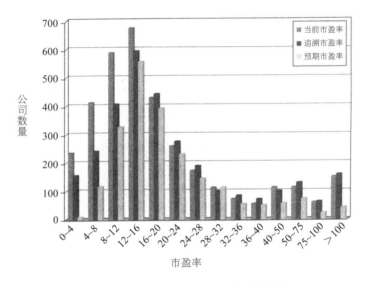

图 4-1   市盈率分布：2010 年美国股票

低于平均数。为避免偏差数中出现异常值，计算和报告倍数平均值的数据报告服务机构，要么在计算平均值时排除异常值，要么将倍数限定为使其低于某一固定数字。结果就是，两家服务机构针对同一领域或市场所报告的平均数几乎从来都没有匹配过，而原因就在于它们对异常值的处理不同。

不论是哪一个倍数，总有公司是无法计算该倍数的。再以市盈率为例，当每股收益为负值时，公司的市盈率是没有意义的，而且通常也不会报告。在考察一组公司的平均市盈率时，那么收益为负值的公司就会被排除掉，因为它们的市盈率是无法计算的。在样本数量很大时，这是一个必须考虑的问题。这是因为，那些从样本中被排除掉的公司都是亏损的公司，因为它们被排除了，所以也就意味着该组公司的平均市盈率将会出现偏差。一般来说，对于任何导致被分析公司数量大幅减少的倍数，你都应该保持警惕。

最后，不论是对整个市场还是对单一领域而言，倍数都会随着时间的变化而变化。为了解倍数随着时间推移而变化的情况，表4-2列出了2000~2010年间美国股票平均市盈率和中位数市盈率的数据。一只市盈率为15倍的股票在2008年可以说是便宜，但在2009年可以说是昂贵，而2010年则可以说是适中。在最后一栏中，我们给出了所有样本中可计算市盈率的公司所占的比率。需要注意的是，在2010年，超过一半的美国公司的收益为负值，这也反映了2009年的经济衰退。为什么倍数会随着时间的变化而变化呢？

表 4-2　2000~2010 年市盈率

年份	平均市盈率	中位数市盈率	拥有市盈率的公司的比率
2000	52.16	24.55	65%
2001	44.99	14.74	63%
2002	43.44	15.50	57%
2003	33.36	16.68	50%
2004	41.4	20.76	58%
2005	48.12	23.21	56%
2006	44.33	22.40	57%
2007	40.77	21.21	58%
2008	45.02	18.16	56%
2009	18.91	9.80	54%
2010	29.57	14.92	49%

有的变化与基本面有关。由于利率和经济增长会随着时间的变化而变化，所以股票的价格也会因此而发生变化；比如，在 20 世纪 90 年代，低利率在提升市盈率方面就发挥了重要作用。而有的变化，则源于市场对风险感知的变化。如果投资者对风险的容忍度降低，这通常发生在经济衰退期间，那么市盈率的倍数也将会下降。从现实的角度来看，结果是什么呢？首先，利用倍数进行跨时间段的比较是非常危险的。比如说，按照惯例，通过比较当前的市盈率和过去的市盈率，可以认定一个市场是被低估还是被

高估，但在利率高于或低于历史水平的情况下，这会导致错误的判断。其次，相对估值所能维持的时间比较短。与相类似的公司相比，当前某公司的股票可能看起来比较便宜，但在几个月后，这种评估可能会发生急剧变化。

分析性测试

在进行相对估值时，其所做的假定毫不亚于贴现现金流估值，只不过相对估值中的假定是隐含的、未予阐述的，而贴现现金流中的估值是明确阐述的。在内在估值章节，我们注意到，一家公司的价值实际上是3个变量之间的函数，即产生现金流的能力、这些现金流的预期增长率，以及与这些现金流相关的不确定性。任何一个倍数，无论是关于收益的、收入的还是关于账面价值的，都是这3个变量的函数——风险、增长率和产生现金流的潜力。直观上讲，增长率高、风险低且现金流产生潜力大的公司的交易倍数应该高于增长率低、风险高且现金流产生潜力小的公司。就股权和公司价值倍数而言，我们可以回到针对股权和公司价值的简单贴现现金流模型中，并利用它们得出倍数。

在最简单的股权贴现现金流模型中，即稳定增长股息贴现模型中，股权价值为：

$$股权价值 = \frac{下一年预期股息}{股权成本 - 预期增长率}$$

两边同时除以净收入，我们可以得到针对稳定增长公司市盈率的贴现现金流等式。

$$\frac{股权价值}{净收入} = 市盈率 = \frac{股息支付率}{股权成本 - 预期增长率}$$

这里的支付率是指股息对净收入的比率。

市盈率的关键决定因素是每股收益的预期增长率、股权成本和支付率。在其他条件不变的情况下，就交易的收益倍数而言，我们期望那些高增长率、低风险和高支付率的公司高于那些不具备这些特征的公司。两边同时除以股权账面价值，我们可以估算稳定增长公司的股价/账面价值比。

$$\frac{股权价值}{股权账面价值} = 股价/账面价值比 = \frac{ROE \times 股息支付率}{股权成本 - 预期增长率}$$

这里的ROE是指股权回报率（净收入/股权账面价值）。除决定市盈率的三个变量（增长率、股权成本和支付率）外，它是影响股权账面价值的唯一变量。

所有的这些计算，都是建立在稳定增长股息贴现模型之上的。在对具有高增长潜力的公司进行考察时，我们发现这与其他估值模型所得的结论是一致的。

我们可以通过类似的分析得出公司价值倍数。稳定增长公司的价值可以表示为：

$$企业价值 = \frac{下一年预期公司自由现金流}{（资本成本 - 预期增长率）}$$

由于公司自由现金流是税后运营收入减除净资本开支和公司所需的营运资本，所以这还可以表示为：

$$企业价值 = \frac{扣除利息和税金前收益 \times （1-税金） \times （1-再投资率）}{（资本成本 - 预期增长率）}$$

等式两边同时除以销售，并将税后运营利润率定义为税后运营收入除以销售，结果如下：

$$\frac{企业价值}{销售} = \frac{税后运营利润率（1-再投资率）}{（资本成本-预期增长率）}$$

表 4–3 对倍数以及决定每一个倍数的关键变量进行了总结，并在每个变量一侧的括号内加了一个关系符号：在其他所有条件都保持不变的情况下，↑表示该变量增加后，倍数也会增加，而↓则表示该变量增加后，倍数会下降。

表 4–3　倍数的基本决定因素

倍数	基本决定因素
市盈率	预期增长率（↑）；支付率（↑）；风险（↓）
价格对账面股权比率	预期增长率（↑）；支付率（↑）；风险（↓）股权回报率（↑）
市销率	预期增长率（↑）；支付率（↑）；风险（↓）净利润率（↑）
企业价值/公司自由现金流	资本成本（↓）；增长率（↑）
企业价值/EBITDA	预期增长率（↑）；再投资产（↑）；风险（↓）投资资本回报率（↓）；税率（↓）
企业价值/资本	预期增长率（↑）；再投资产（↓）；风险（↓）税率（↑）
企业价值/销售	预期增长率（↑）；再投资产（↓）；风险（↓）运营利润率（↑）

尽管每一个倍数都是由很多变量决定的，但在解释一个倍数时，占主导地位的变量却只有一个（就此而言，并不是所有的倍数都是同一个变量）。这个变量被称为"姊妹变量"，同时也是寻找被低估股票的一个关键。在表4-4中，我们列出了6个倍数的"姊妹变量"和错配情况。

表4-4　估值错配

倍数	姊妹变量	被低估公司的不匹配指标
市盈率	预期增长率	低市盈率、每股收益的高预期增长率
价格/账面价值比率	股权回报率	低价格/账面价值比率、高股权回报率
市销率	净利润率	低市销率、高净利润率
企业价值/EBITDA	再投资率	低企业价值/EBITDA比率、低再投资需求
企业价值/资本	资本回报率	低企业价值/资本比率、高资本回报率
企业价值/销售	税后运营利润率	低企业价值/销售比率、高税后运营利润率

应用性测试

倍数通常用于可比公司之间的比较，以确定一家公司或其股权的价值。可比公司是指现金流、增长潜力和风险与被估值公司相似的公司。照此定义，这与公司所属的行业或领域并无任何关系。由此，一家电信公司和一家软件公司也可以进行比较，只要这两家公司的现金流、增长率和风险是一样的。然而，在大多数分析中，分析师对可比公司的定义是与该公司处于同一业务领域的公司。举例来说，如果你想对饮料公司托德亨特国际和汉森天然估值，那么就要将它们与其他饮料公司相比，一是价格（市盈率），一是基本面（增长率和风险）。

如果行业中有足够多的可比公司，那么这个清单可以通过其他标准予以筛选；比如说，仅考虑那些规模相似的公司。在建立可比公司清单时，不管我们多么细心，最终总会出现一些与所估值公司不同的公司。对此，我们可以通过3种方式予以排除。我们以饮料行业为例进行说明。

第一种方法，分析师会将某公司交易时的倍数与其所在领域的平均倍数相比较；如果两者之间存在巨大差异，分析师会转而考察该公司的个体特征（增长率、风险或现金流），看能否解释这种差异。比如说，在表4–5中，托德亨特的市盈率为8.94倍，远低于其他饮料公司的平均值，但它的预期增长率也很低。汉森天然看起来也便宜，市盈率为9.70倍，但它的股价波动很大。按照分析师的判断，如果市盈率上面这种差异没法通过基本面（低增长率或高风险）来解释，那么该公司将会视作被低估。这一方法的不足之处并不在于分析师的主观判断，而在于这些判断通常都建立在臆测之上。

表 4–5　美国饮料公司，2009 年 3 月

公司名称	追溯市盈率	每股收益预期增长率	股价标准差
安德雷斯酒业	8.96	3.50%	24.70%
百威英博	24.31	11.00%	22.92%
波士顿啤酒	10.59	17.13%	39.58%
百富门	10.07	11.50%	29.43%
查隆葡萄酒集团	21.76	14.00%	24.08%
可口可乐	44.33	19.00%	35.51%
可口可乐瓶装公司	29.18	9.50%	20.58%
可口可乐企业	37.14	27.00%	51.34%
库尔斯	23.02	10.00%	29.52%
科尔比酿酒公司	16.24	7.50%	23.66%
汉森天然	9.70	17.00%	62.45%
莫尔森	43.65	15.50%	21.88%
蒙大菲	16.47	14.00%	45.84%
百事可乐	33.00	10.50%	31.35%
托德亨特国际	8.94	3.00%	25.74%
惠特曼	25.19	11.50%	44.26%
平均值	22.66	12.60%	33.30%

第二种方法，我们对倍数进行修正，并将最重要的决定性变量——"姊妹变量"纳入考量。举例来说，在对具有不同增长率的公司进行市盈率分析时，分析师通常会用市盈率除以每股收益的预期增长率，以确定一个按增长率调整后的市盈率，即市盈率对赢利增长比率（PEG）。回到表4–5中，我们看一下托德亨特和汉森相对于其他饮料公司的情况：

$$\text{托德亨特的PEG比率} = \frac{\text{托德亨特的市盈率}}{\text{托德亨特的增长率}} = \frac{8.94}{3} = 2.98$$

$$\text{汉森的PEG比率} = \frac{\text{汉森的市盈率}}{\text{汉森的增长率}} = \frac{9.70}{17} = 0.57$$

$$\text{饮料行业的PEG比率} = \frac{\text{平均市盈率}}{\text{行业平均增长率}} = \frac{22.66}{12.60} = 1.80$$

相对于行业比率来看，现在汉森看起来依然很便宜，而托德亨特看起来就贵了。

在使用这些修正的倍数时，我们已经做出了两个不言而喻的假设。其一，所有这些公司的风险都是相当的，就汉森而言，它的风险看起来要比同行业中其他公司的风险高。其二，增长率和市盈率要成比例的变动；当增长率翻一番时，市盈率也应翻一番。如果这一假设不成立，市盈率没有随增长率成比例增长，那么按PEG比率，高增长率的公司看起来就会便宜。

在对公司进行横向比较时，如果可调整的变量超过一个，那么可以使用统计方法。比如说，在多元回归中，我们利用我们认为会影响因变量的自变量（如增长率和风险）来解释因变量（如市盈率或企业价值/EBITDA）。相对于主观法，回归法具有两大优势。第一，回归的输出结果可以让我们判定倍数和所用变量之间关系的紧密程度。第二，不同于修正倍数法（仅限于控制一个变量的差异），回归法可以让我们控制多个变量的差异，甚至还可控制这些变量之间的关系。将该方法应用于表 4–5 的饮料公司数据中，相对于预期增长率和风险（股价的标准差）的市盈率回归可以表示为：

市盈率 $=20.87-63.98 \times$ 标准差 $+183.24 \times$ 预期增长率 $\times R^2=51\%$

R^2 表明，饮料公司中 51% 的市盈率差异可以用我们所使用的增长率和风险这两个指标的差异来解释。最后，回归本身可用来计算清单中公司的预期市盈率。由此一来，托德亨特和汉森基于其预期增长率和风险指标的预期市盈率可表示如下：

托德亨特的市盈率=20.87–63.98×（0.257 4）+183.24×（0.03）=9.90

汉森的市盈率=20.87–63.98×（0.624 5）+183.24×（0.17）=12.06

这可以视为按风险和增长率调整后的预测，而且两家公司看起来都被低估了，尽管调整后的市盈率低于我们先前比较时的结果。

内在价值和相对价值

对于同一家公司，在同一个时间点上，两种估值方法——内在估值和相对估值——通常会得出不同的估算值。或者一种方法得出的结果是股票被低估，而另一种方法得出的结果是股票被高估。比如说，在2000年年初，通过贴现现金流对亚马逊网站估值，结果显示它被严重高估，而通过相对估值，即与其他可比互联网公司相比，则得出了完全相反的结论。此外，基于所使用的倍数和所对比的公司，即便是相对估值也会得出不同的估算值。

贴现现金流估值和相对估值之间的这种价值差异源于两种不同的观点：市场有效或市场无效。在贴现现金流估值中，我们假定市场是会犯错误的，而且它们会随着时间的推移修正这些错误，而这些错误会经常在整个领域乃至整个市场发生。在相对估值中，我们假定市场会在单只股票上犯错误，但平均而言是正确的。换句话说，当我们比照其他小型软件公司对一家新软件公司进行估值时，我们假定市场对这些公司的定价是正确的，当然这是平均而言的，即便这些公司中每一家都被市场错误定价。因此，如果相对估值中所用的可比公司全被市场高估了，那么按贴现现金流估值被认为高估的股票，按相对估值则可能会被认为是低估的股票，反之亦然。

爱因斯坦是对的

在相对估值中，我们通过考察可比资产的定价来估算某一资产的价值。尽管存在各种简单明了的倍数，但在使用这些倍数时，关键还是要找到可比公司，并调整各公司之间在增长率、风险和现金流上的差异。爱因斯坦的相对论是正确的，但在时下的股市中，即便对爱因斯坦来说，相对估值法的运用也非易事。

THE LITTLE BOOK OF

VALUATION

第五章

无限美好：

对年轻成长型公司估值

2010 年年底，谷歌公司试图以 60 亿美元收购一家名为团购网（Groupon）的年轻互联网公司。当时，Groupon 才有仅仅 1 年的历史，收入约为 5 亿美元，而且据称还处于运营亏损状态。这家公司是有增长潜力的，但它的商业模式也存在着巨大的不确定性。在谷歌收购该公司失败后，分析师开始探讨一个让他们感到困惑的问题：如何评估一家几乎没有运营历史和市场价格数据的公司。

如果说所有的企业都源于一个想法，那么年轻的公司可以分为没有收入或产品的想法公司、测试产品诉求力的起步阶段公司，以及朝着赢利之路迈进的第二阶段公司。图 5–1 对年轻成长型公司的多样性进行了描述。

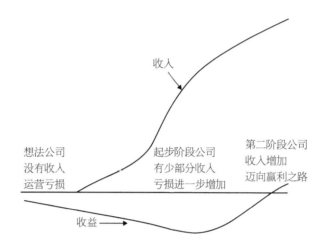

想法公司
没有收入
运营亏损

起步阶段公司
有少部分收入
亏损进一步增加

第二阶段公司
收入增加
迈向赢利之路

收入

收益 →

图 5—1　企业生命周期中的早期阶段

　　大多数年轻成长型公司都是私人持有的，是由创始人/所有者或风险投资人投资的。然而，在过去的 20 年里，有一部分领域的公司（如技术和生物技术领域的公司）能够越过这个过程，进而上市。在这些公司上市时，它们会向那些愿意承受其增长潜力和不稳定性的投资者提供一种带有风险的回报承诺。年轻公司具有如下共同特征：

　　没有历史绩效数字：在运营和融资方面，大多数年轻公司只有 1~2 年的可用数据，而有的公司只有不到一年的财务数据。

没有收入或只有少部分收入、运营亏损：很多年轻公司没有收入或只有少部分收入。开支通常都是为了确保公司的正常运转，而不是为了产生收入。综合来看，所产生的结果就是严重运营亏损。

很多公司都会倒闭：一项研究结果表明，在1998年成立的所有企业中，4年后仍能生存下来的仅占44%，而7年后仍能生存下来的只有31%。

投资是非流动性的：即便是那些公开上市的公司，其市值通常也都很小，而且交易的股票相对也很少（低浮动）。通常情况下，就股权而言，相当大部分为公司创始人、风险投资人和其他私募股权投资者所持有。

股权的多级请求权：部分股权投资者通常拥有对现金流（股息）的优先请求权，而其他投资者则拥有额外的投票权股票。

就这些特征而言，任何一个都不会成为估值难以超越的障碍，但当它们同时出现在一家公司时，对估值来说就是一场完美风暴。这也难怪大部分投资者和分析师都会放弃对它们进行估值。

估值问题

在内在估值中，对公司价值起决定作用的 4 个因素是现有资产的现金流、这些现金流的预期增长率、贴现率，以及公司成为成熟公司所需的时间。如果针对的是年轻公司，那么对这 4 个因素的估算将会变得非常困难。现有资产通常只会产生很少的现金流甚至是负的现金流，而由于缺少历史数据或历史数据有限，对未来收入和贴现率的估算也会非常困难。更为糟糕的是，人们并不知道其所考察的年轻公司能否成长为一家稳定型公司，再加上对股权的多级请求权，这种估算可以说是一种梦魇。如此一来，很多投资者都会放弃用内在估值法对年轻公司估值，转而依赖于各种令人信服的报道来做投资决策。

有的分析师试图利用倍数和可比较数据对年轻公司进行估值。然而，如下因素会让这种估值变得更加困难。

你以什么衡量价值？常处于亏损状态的年轻公司（净收入和EBITDA都是负的）在账面价值方面并没有太多的数据，而且收入也非常有限。以这些变量来衡量公司的价值是非常困难的。

你的可比公司是什么？即便一家年轻公司所在的运营领域有很多其他的年轻公司，这些公司之间也会存在巨大差异。对于成熟部门的年轻公司来说，挑战性将会更大。

你如何分析公司的生存率？直观地讲，我们期望一家年轻公司的相对价值（关于收入或收益的倍数）会随着其发展而不断上升。然而，这种直观性原则在现实中却难以操作。

总之，对于年轻公司的估值，我们并没有简单的解决方案。

估值解决方案

在这一章节中，我们首先讲的是如何通过内在估值法对年轻公司进行估值，然后是如何通过相对估值法对年轻公司的特殊特征进行考察，而最后我们讨论的是对这些年轻公司的投资选择，以及基于这些选择的估值洞见。

内在估值

在运用贴现现金流模型对年轻公司估值时，我们将会对整个估值过程进行系统梳理，并对年轻公司每一个阶段的特征进行认真分析。在这里，我们以太阳能电池板和太阳能电池制造商长青太阳能公司为例，所选估值时间为 2009 年年初。高企的燃料价格使得该公司取得了一些成功，并展现了高速增长的潜力，但在估值之前的 12 个月里，其收入为 9 000 万美元，运营亏损 5 000 万美元。

估算未来现金流。在未来现金流的预算中有 3 个关键数字。第一个是收入增长率，这可以通过之前一段时间的数字来推断，或通过某产品或服务的整体市场及预期市场份额进行预测。对于某公司提供的产品或服务，如果定义过于狭窄，那么该公司的潜在市场将会变小，而如果定义宽泛，那么潜在市场就会变大。如果我们将长青太阳能定义为太阳能电池板公司，那么它的市场就会比较小，而如果我们将它定义为替代能源公司，那么它的市场就会大很多。第二个是估算被分析公司将可能占据的市场份额，这既包括长期的份额也包括短期的份额。在这一阶段，你要考虑这一年轻公司的产品质量和管理层，以及该公司为实现其目标所能调动的资源。长青太阳能公司的管理层已经展现出了他们的能力和创造性。我们假定，在接下来的 5 年里，该公司的年收入增长率为 40%，然后逐渐下降，到第 10 年时降至 2.25%。

估值驱动器 #1：收入增长率

少量收入必须转变为大量收入。你的公司
增长潜力有多大？

一家公司只有在其最终获得收益时才有价值。因此，接下来要估算的就是与产生预期收入相关的运营开支。在这里，我们将该估算过程分为两个部分。在第一部分，我们将重点放在公司走向成熟之后的目标运营利润率的估算上，主要考察业务领域内运营良好的公司。我们假定长期太阳能的税前利润率在接下来的 10 年间，将会从目前糟糕的−55.31%提升到12%，这也是业务领域内大多数成熟公司的平均利润率。在第二部分，我们考察的是利润率的变化情况；对有的公司来说，这条"通往赢利的道路"是异常坎坷的，固定成本和竞争在估算中会扮演重要角色。预期收入与预期运营利润率的乘积为预期运营收入。在估算税金时，要考虑结转早年运营亏损以抵消未来收入的可能性。长青太阳能在过去所积累的净运营亏损以及预计在未来 3 年中所产生的亏损，可以起到避税作用，其收入在第 7 年之前不用纳税。

> **估值驱动器♯2：目标利润率**
>
> 你可以在今天亏损，但要想拥有价值，你必须要在未来获利。你的公司的利润如何？什么时候它会发展为成熟公司？

　　增长需要再投资。就制造公司而言，这意味着更大产能的投资，而对技术公司来说，这不仅包括研发和新专利投资，而且还包括人力资本投资（聘请软件程序员和研究人员）。对于长青太阳能的再投资估算，我们的假定是，每产出2.5美元的额外收入将需要1美元的资本投入；这一比率源于行业平均水平。在表5–1中，我们对长青太阳能的收入、收益和现金流进行了估算。在未来8年间，预期现金流为负值，而对现有股权投资者来说，他们所持有的所有者股份要么减少（新的股权投资者进入），要么追加更多的投资以维持业务的正常运转。

表 5-1　长青太阳能公司的预期收入、收益和现金流

年份	收入 （美元）	收入 增长率	运营 利润率	运营收入 （美元）	税后 运营收入 （美元）	再投资 （美元）	公司自由 现金流 （美元）
	90		−55.31%	−50	−50	267	−317
1	126	40.00%	−28.39%	−36	−36	29	−64
2	176	40.00%	−12.23%	−22	−22	40	−62
3	247	40.00%	−2.54%	−6	−6	56	−63
4	345	40.00%	3.28%	11	11	79	−68
5	483	40.00%	6.77%	33	33	111	−78
6	628	30.00%	8.86%	56	56	116	−60
7	786	25.00%	10.12%	79	73	126	−52
8	943	20.00%	10.87%	102	61	126	−64
9	1 037	10.00%	11.32%	117	70	75	−5
10	1 089	5.00%	11.59%	126	76	41	34
11	1 113	2.25%	12.00%	134	80	18	62

　　估算贴现率。在估算年轻公司的贴现率时，我们面临两个问题，第一个问题，可用的市场历史记录过短且变动剧烈，难以获得可靠的 β 或债务成本预测值。第二个问题，随着年轻公司走向成熟，它的资本成本预期也会发生变化。为克服缺少历史数据的困难，我们的建议是，在考察公司的过去时，将重点放在公司的运营业务上，并对关键的不同之处予以调整。实际上，我们在贴

现率上用的是行业平均数字，但因为针对的是年轻公司，所以要
将风险提高。这样一来，早期年轻公司的股权成本和资本成本就
会大大高于同行业中更成熟的公司。要将变化考虑在内，随着年
轻公司的成长和成熟，资本成本要以行业平均数字为方向逐步调
整。对于长青太阳能来说，当前 10.21% 的资本成本反映出的是一
个高 β（1.60）、一个高税后债务成本（8.25%）和一个难以长期
维系的债务比率（45.64%）——基于它的运营亏损而言。表 5–2
向我们展示的是，随着公司不断走向成熟，β 逐渐趋向于 1，而
在债务税收优惠开始后，资本成本呈现出下降趋势。

表 5–2　长青太阳能公司资本成本的下降

年份	β	股权成本	债务成本	税后债务成本	债务比率	资本成本
1	1.60	11.85%	8.25%	8.25%	45.64%	10.21%
2	1.60	11.85%	8.25%	8.25%	45.64%	10.21%
3	1.60	11.85%	8.25%	8.25%	45.64%	10.21%
4	1.60	11.85%	8.25%	8.25%	45.64%	10.21%
5	1.60	11.85%	8.25%	8.25%	45.64%	10.21%
6	1.48	11.13%	7.60%	7.60%	40.51%	9.70%
7	1.36	10.41%	7.44%	6.85%	39.23%	9.01%
8	1.24	9.69%	7.17%	4.30%	37.09%	7.69%

（续）

年份	β	股权成本	债务成本	税后债务成本	债务比率	资本成本
9	1.12	8.97%	6.63%	3.98%	32.82%	7.33%
10	1.00	8.25%	5.00%	3.00%	20.00%	7.20%

估算当前价值，并按生存概率予以调整：在估算出预测期的现金流，并对现金流贴现后，你仍需要确定预测期结束时将会发生的事情，按照公司可能倒闭的概率对价值进行调整，并分析公司内关键人员流失所造成的影响。

期末价值。期末价值可以是年轻公司价值的80%、90%，甚至还可以超过100%。如果未来几年的现金流完全为负值，那么超过100%的情况就会发生，因为这需要新鲜资本的注入。确保期末价值保持不变的基本原则：所使用的增长率必须低于经济的增长率，资本成功必须向成熟公司集中，而且必须有足够的维持稳定增长的再投资。长青太阳能被假定在10年后成为一家成熟公司，年增长率为2.25%，基于其作为成熟公司的地位，资本成本为7.20%，而为维持这种增长率，收益的再投资率为22.5%（基于长久的10%的资本回报率）。

$$期末价值 = \frac{税后运营收入（1-再投资率）}{资本成本_{稳定}-稳定增长率}$$

$$= \frac{0.8亿 \times（1-0.225）}{0.072-0.022\,5} = 12.55亿美元$$

对未来 10 年的预期现金流贴现，相对于资本成本，现有运营资产的期末价值为 1.92 亿美元。加上经常现金余额（2.85 亿美元），减去债务（3.74 亿美元），得到股权价值为 1.03 亿美元；除以已经发行股票的数量（1.648 75 亿股），每股股票价值为 0.63 美元，远低于估值时每股股票 2.70 美元的价格。

按生存概率调整。我们可以通过一个两步法来分析年轻公司倒闭的风险。第一步，假定公司能够生存下来并能走向财务健康，然后对其估值。实际上，在利用期末价值以及按当前的风险调整贴现率对现金流贴现时，我们的假定条件也是如此。第二步，考虑公司无法生存的情况。在衡量公司倒闭的可能性时，最常用的评估方法就是利用行业平均数。在本章前面部分，我提到过一份研究报告，它就是利用美国劳工统计局的数据来评估 1998~2005 年间不同行业的公司的生存率的。比如说，一家已经存在一年的能源公司，其在 5 年里倒闭的可能性被评估为 33%。这些行业平均数可以按照被评估公司的具体情况进行调整：管理层的股权、资本筹集能力，以及现金余额。公司的价值可以写为两种情况下的预期价值，一是持续经营情况下的内在价值（按贴现现金流），二是倒闭情况下的被扣财产价值。在未来的 8 年里，长青太阳能每年都需要筹集资本以弥补其所出现的负现金流，这对公司来说是一个非常大的风险。如果我们假定该公司倒闭的可能性为 33%，而这种情况发生后公司的股权将会变得一文不值，则调整后的每股股票的价值为 0.42 美元（即 0.63 美元 × 0.67）。

估值驱动器 #3：生存技能

年轻公司要想变得有价值，那么就必须生存下来。你的公司生存下来的可能性有多大？

"关键人员贴现"：年轻公司，尤其是服务行业的年轻公司，其成功往往依赖于公司的所有者或几个关键人员。因此，如果一个或多个这样的关键人员从公司离职，我们所估算的价值就会发生巨大变化。在评估"关键人员贴现"时，首先要对公司的现状进行评估（包括公司中的关键人员），将关键人员所发挥的作用视

为收入、收益和预期现金流的一部分，然后再评估这些人流失后所产生的损失。关键人物流失后，收益和现金流都会受到损失，因此公司的价值也会因这些人的流失而降低，进而导致"关键人员贴现"。对于长青太阳能来说，公司的价值更多的是来自关键技术而非公司的关键人员，因此，我们没有必须对其作"关键人员贴现"处理。

相对估值

对于那些缺乏运营数据、面临诸多运营风险以及生存威胁的年轻公司来说，相对估值会更具挑战性，原因如下：

生命周期影响基本面：如果将一家年轻公司同业务领域内更成熟的公司相比，那么它们在风险、现金流和增长率等方面可能会存在巨大差异。

生存：一个与之相关的事实是，年轻公司的倒闭概率很高。因此，在其他条件（增长率和风险）保持不变的情况下，那些成熟的、倒闭概率低的公司理应拥有更高的市值，包括收入、收益和账面价值在内的任何变量的值都应该更高。

标度变量：年轻公司本年度的收入一般都很少，而且很多都将会处于亏损状态；通常来说，账面价值并没有什么意义。在这些衡量标准中，无论将一个倍数应用于其中的哪一个，都将会产生极其古怪的数字。

流动性：通常而言，公开上市公司股权的流动性要优于年轻成长型公司的股权，因此，若将这些倍数应用于年轻公司，那么所取得的价值可能会非常高。

以下方法不仅可以避免严重的估值错误，而且还可以让你获得更准确的估值。

利用预期收入/收益：由于年轻公司通常只有很少的收入，而且收益一般也是负值，所以解决方案之一就是预测该公司未来的运营结果，并以这些预期收入和收益作为估值的基础。实际上，在预测企业第5年的价值时，我们利用的正是这一时间点上的收入或收益。就长青太阳能而言，其在本年度的收入仅为9 000万美元，而其在第5年的收入预计为4.83亿美元。

按照公司在远期时的特征调整倍数：举一个简单的例子，

假定你有一家公司，接下来 5 年的收入增长率预计为 50%，之后降为 10%。那么，对于第 5 年的收入或收益，你所用的倍数应该反映 10% 的增长率，而不是 50% 的增长率。在估算长青太阳能第 5 年的价值时，我们使用 1.55，这也是目前该行业中大型成熟公司的收入倍数。

调整时间价值和生存风险：当运用预期倍数进行估值时，我们需要调整资金的时间价值以及公司倒闭，以至于无法实现预期价值的可能性。计入长青太阳能的预期收入，运用行业平均倍数，并调整公司的生存概率（33%）。

第 5 年的预计企业价值 =4.83 亿 × 1.55=7.49 亿美元

当前的预计企业价值 =7.49 亿 × $1.102\ 1^5$=4.57 亿美元

按生存概率调整的企业价值 =4.57 亿 × 0.67=3.05 亿美元

加上经常现金余额（2.85 亿美元），减去债务（3.74 亿美元），得到股权价值为 2.16 亿美元，每股价值为 1.31 美元，与当前每股 2.70 美元的市场价格更接近。不过，无论是内在估值还是相对估值，都表明该股票价格过高。

我们是否错过了什么？

在贴现现金流和相对估值中，我们把成功的期望建立在了收入和收益上面。有时候，在一个业务领域或市场的成功会成为在其他业务领域或市场的垫脚石。

有时候，现有产品的成功会为公司引入新产品奠定基石。对苹果来说，iPod的成功就为后来iPhone和iPad的引入奠定了基石。

对于公司来说，如果一款产品在一个市场取得成功，那么在扩张进入其他市场时也可能会取得类似的成功。关于这一点，最明显的例子就是在国外市场继续延续国内市场成功的公司，如可口可乐和麦当劳，当然还有很多零售公司。最微妙的例子是那些原本仅针对某一市场，但却突然发现新市场的产品，最典型的例子就是可降低胆固醇的抗溃疡药。

我们为什么不把我们对新产品和新市场的预期纳入现金流和价值中去呢？我们可以尝试，但这面临着两个问题。首先，在最初估值时，我们对这些潜在产品和市场延伸的预测将会非常模糊，而现金流将会反映这种不确定性。在引入iPod时，苹果并没有看到iPhone的潜在市场。其次，最初产品的发布及其后期研发会为公司提供相关的信息和教训，从而在使其后续产品提供上做到得心应手。正是这种学习精神和适应性行为使得在公司的预期内价值上升。

价值技巧

年轻成长型公司倒闭的原因很多：收入增长过慢、目标利润率低于预期、资本市场关闭或者关键人员离开公司。关注如下方面可以大大提高投资者的成功概率：

庞大潜在市场：就公司的产品和服务而言，其潜在市场必须足够庞大，唯有如此才能够维持长期的高收入增长率，而不会让你陷入困境。

开支追踪与控制：为追求增长率，年轻公司在追踪和控制开支方面往往存在不足。设定利润率提升的目标，并将无法实现这些目标作为你卖出股权的理由。

获取资本：资本的获取对公司的增长和成功来说都至关重要。寻找那些拥有大量现金余额和机构投资者基础的公司，因为它们有更好的成长根基。

对关键人员的依赖：年轻公司通常依赖于公司中的关键人员或创始人。关注那些已为关键人员搭建牢固发展舞台的公司。

唯一性：成功会引来竞争，而这种竞争通常来自那些财大气粗的大型公司。你希望年轻公司拥有其他公司所难以模仿的产品，而这种唯一性源于专利、技术或品牌。唯一性还有一种好处，那就是这种成功更有可能实现自我驱动，让公司进入新的市场，并引入新的产品。

总而言之，你希望投资那些市场潜力巨大、能够控制开支并能获取资本，且拥有难以模仿产品的公司。这并不容易做到，高风险向来对应着高回报，如果你成功了，那你将会获得丰厚的回报。

THE LITTLE BOOK OF

VALUATION

第六章

成长阵痛：

对成长型公司估值

在 2001 年时，谷歌还是一家刚起步的年轻公司，收入仅为数百万美元，并且运营亏损。在接下来的 10 年里，该公司经历了爆炸式增长。2009 年，公司收入为 237 亿美元，运营利润为 65 亿美元，而市值则超过 2 000 亿美元。谷歌仍然是一家成长型公司，只不过它现在的规模更大了。若要对它估值，则需面对两个大的问题：一是它能否继续维持这种增长，二是它的风险预测是如何变化的，以及将来还会如何变化。

　　那么，什么是成长型公司呢？在实际操作中，关于成长型公司的很多定义都带有主观性，是有瑕疵的。比如说，有的分析师基于公司所在的运营领域划分成长型公司或成熟型公司。按照这种划分，在美国，技术公司就被视为成长型公司，而钢铁公司则被认为是成熟型公司。显然，这种定义混淆了一个行业内公司在成长前景方面的巨大差异。有的分析师则将拥有高市盈率的公司视为成长型公司，认为市场可以做出这种界定。在这里，我们有另外一种定义：成长型公司的价值更多的是来自先前的投资。这似乎是对前面成长型公司划分的一种重述，即拥有高增长率的公司被认为成长型公司，但这里有一个重大差别。作为一个函数，成长型资产的价值不仅涉及预期增长率，而且还涉及这种增长率的质量，而衡量的标准就是超额回报：在这些资产上的已投资资本的回报（相对于资本成本而言）。

虽然成长型公司在规模和成长前景上差异巨大，但它们还是拥有一些共同特征：

动态财务：就收益和账面数字而言，不仅年与年之间的差异巨大，而且在短期内也可能会发生巨大变化。

规模分歧：如果成长型公司为公开上市公司，那么它们的市值通常会大大高于账面价值，因为市场会计入成长型资产的价值，而会计师则不会。此外，市值与公司的运营数字——收入和收益——也会出现不一致的情况。很多成长型公司的市值都是以数十亿计的，但报表中的收入却很少，而且收益为负。

债务的使用：很多行业的成长型公司都希望它们背负的债务（相对其内在价值和市值而言）比同行业中更稳定公司背负的债务要少，因为从现有资产中产生的现金流并不足以让它们支持更多的债务。

市场历史短且变化大：即便是公开上市的成长型公司，其可供追踪的股价数据通常也非常有限，而且变化极大。

对于成长型公司来说，这些因素对它们所产生的影响虽然不尽相同，但却是普遍存在的。

估值问题

成长型公司的这些共同特征——动态财务、市值和运营数据之间的不一致、对股权资金的依赖，以及周期短而波动剧烈的市场历史——都会对内在估值和相对估值产生影响。

如果一家公司的内在价值源于它的现金流和风险特征，那么有的问题就可以追溯到它的成长阶段。在对成长型公司进行估值时，我们所面临的最大挑战是其不断变化的规模。即便是最成功的成长型公司，我们也可以预计它的未来增长率将会低于过去的增长率，原因有二。第一，一家在过去 5 年里增长率为 80% 的公司的规模（系数为 18）必然大于其在 5 年前的规模，而在这种情况下再继续维持这种增长率是不可能的。第二，增长会引来竞争，而竞争反过来又会压制增长。增长率的回落速度，以及成长过程中包括风险在内诸多特征的变化情况，是成长型公司估值的关键。

在进行相对估值时，那些使贴现现金流估值难上加难的问题也会毫无疑问地涌现出来。下面，我们列举其中的几个问题。

可比公司：即便一个行业中的所有公司都是成长型公司，它们在风险和增长率特征上面也会存在巨大差异，从而使得行业平均值的概括难上加难。

基准年度价值和倍数选择：如果一家公司是成长型公司，那么在预测其未来发展潜力方面，当前价值的标度变量——如收益、账面价值或收益——只能提供有限的或不可靠的提示线索。

增长率差异的控制：不仅增长水平影响公司的估值，而且与之相随的增长期和超额回报也会影响公司估值。换句话说，收益预期增长率相同的公司可能会以截然不同的收益倍数交易。

风险差异的控制：在任何估值中，确定增长率和风险之间的平衡关系以及这种关系对价值造成的影响是极其困难的，而在相对估值中，这会变得更加困难，因为很多公司都是高增长率和高风险并存的。

利用倍数对成长型公司估值的分析师会对他们的估值结果产生一种虚假的安全感，因为他们的假定条件通常都是模糊的而非明确的。事实是，同贴现现金流估值一样，通过相对估值获得的估值结果同样也会存在偏差。

估值解决方案

虽然成长型公司给我们提出了棘手的估值问题，但问题最终还是可以解决的，这些内部不一致的情况，并不影响我们对这些公司做出有效的价值评估。

内在估值

对于那些用于成长型公司估值的贴现现金流模型来说，增长率和利润率都应允许变化。就估算结果而言，锁定公司当前特征的模型并不及那些更灵活的模型，也就是那些分析师可以改变输入项的模型。下面，我们以为运动员提供超细纤维服装的安德玛公司为例，对这一估值过程进行说明。该公司由凯文·普朗克于1996 年创建，并于 2006 年上市，业绩辉煌。公司收入从 2004 年的 2.05 亿美元增加两倍至 2007 年的 6.07 亿美元；在这 3 年期间，公司的年收入复合增长率为 44%。

运营资产估值：估值过程始于对未来收入的预计。最大的问题是比例因子。对于既定公司而言，在其规模不断扩大时，收入增长率的下滑速度一般可通过考察公司的具体特征来解决，而这些特征包括公司产品和服务的整体市场规模、竞争实力、产品质量，以及管理层素质。拥有庞大的潜在市场、竞争不甚激烈且管理层高效的公司可以长期维持较高的收入增长率。虽然资金雄厚的竞争者如耐克公司的进入会减缓安德玛的增长速度，但我们还是假定近期它的收入会以一个健康的速度增长——明年为 35%，后年为 25%，然后随着公司规模的扩大而进一步减速；在接下来的 10 年里，假定其年收入复合增长率为 12.51%。

估值驱动器＃1：比例式增长

一家公司的增长率越高，它的规模就会变得越大；而规模越大，它就越难以保持先前的增长率。在增长率按比例放大时，你的公司的前景如何？

从计算收入到计算运营收入，我们都需要运营利润。在很多成长型公司，当前的运营利润要么为负值，要么很少，这主要是因为前期与基础设施投资相关的固定投资，以及为获取新客户（以及实现未来增长）而投入的销售费用被计算到了当前年度的费用中。随着公司的成长，利润应该提高。反过来说，有的成长型公司会实现超高利润，因为它们的利基产品在市场上所占的份额过小，尚未引起大型的、资金雄厚的竞争者的注意。随着公司的成长，在竞争者出现后，这一切将发生变化，而利润也将会下降。安德玛在超细纤维服装上的成功就是一个很好的例子；在最初的几年里，大型公司如耐克忽略了这一细分市场，但现在它们已经引入了它们自己的竞争产品。

对于这两种场景——低利润向高价值转变，或高利润下降至可持续的水平，我们都必须对目标利润以及如何实现当前利润与目标利润的对接做出判断。对于第一个问题，我们一般可以通过考察行业内大型的、稳定型公司的平均运营利润来获得答案。对于第二个问题，我们则需要考察当前利润与目标利润之间产生分歧的原因。比如说，公司的基础设施投资，你要看这些基础设施需要多长时间才能投入运营，需要多长时间才能够得到完全利用。目前，安德玛公司的税前运营利润率为12.25%，基于规模经济效应，这一数字在未来10年间还会略微上升，并在第10年时升至12.72%的行业平均水平。

> **估值驱动器＃2：可持续利润率**
>
> 成功会引起竞争，而竞争会损害利润。你的公司的竞争优势有多大？

基于公司要增长就必须再投资的主题，我们依照如下3个路径之一对再投资进行估算。第一个也是最常用的方法是，利用收入的变化和销售/资本比率估算再投资，这里所用的数据要么是历史数据，要么是行业平均数据。由此一来，假定销售/资本比率为 2.5，收入增长为 2.5 亿美元，那么计算所得的再投资即为 1 亿美元。对于拥有良好收入和再投资记录的成长型公司来说，我们可以把增长率视为再投资的结果。最后，对于那些早已投资未来产能的成长型公司来说，即便近期没有或只有很少的投资，它们也能够保持增长态势。就这些公司而言，我们可以通过预测产能利用率来决定投资周期所能持续的时间，以及公司将来必须进行再投资的时间。对安德玛来说，我们使用的是第一种方法，利用 1.83 的行业平均销售/资本比率来估算每年的再投资。我们对由此得到的公司自由现金流进行了概括，如表 6–1 所示。

表 6–1　安德玛的预期公司自由现金流

年份	收入（亿美元）	收入增长率	税后利润率	运营收入（亿美元）	税后运营收入（亿美元）	再投资（亿美元）	公司自由现金流（亿美元）
过去 12 个月	7.21		12.25%	0.88		0.53	
1	9.73	35.00%	12.46%	1.21	0.73	1.38	−0.65
2	12.16	25.00%	12.57%	1.53	0.92	1.33	−0.41

（续）

年份	收入（亿美元）	收入增长率	税后利润率	运营收入（亿美元）	税后运营收入（亿美元）	再投资（亿美元）	公司自由现金流（亿美元）
3	14.60	20.00%	12.64%	1.84	1.11	1.33	−0.22
4	16.79	15.00%	12.67%	2.13	1.28	1.20	0.08
5	18.46	10.00%	12.69%	2.34	1.41	0.92	0.49
6	19.94	8.00%	12.71%	2.53	1.52	0.81	0.71
7	21.14	6.00%	12.71%	2.69	1.61	0.65	0.96
8	22.09	4.50%	12.72%	2.81	1.69	0.52	1.17
9	22.75	3.00%	12.72%	2.89	1.74	0.36	1.37
10	23.43	3.00%	12.72%	2.98	1.79	0.37	1.42
10 年之后	23.96	2.25%	12.72%	3.05	1.83	0.46	27.30

估值驱动器♯3：增长质量

增长是有价值的，但前提条件是伴随着超额回报。你的公司所产生的回报远高于资金成本吗？

风险预测与增长率和运营数据相一致：就资本成本的构成而言，成长型公司和成熟型公司是一样的；将成长型和成熟型公司

区分开来的是随着时间的变化而变化的风险预测。总的原则是：

> 在收入增长最快时，成长型公司的股权成本和债务成本应该很高，但随着收入增长放缓以及利润率的提升，债务成本和股权成本应该下降。
>
> 随着收益的上升和增长率的下降，公司将会产生超过其所需要的现金流，这部分现金流不仅可以用来支付股息，也可以用来偿还债务。虽然公司并不需要利用这种债务能力，但债务的有利税率还是促使某些公司举债，进而导致债务比率上升。

就风险参数（β）估算而言，尽量不使用成长型公司有限的价格数据；估算误差可能会非常大，而且公司的特征会随着时间的变化而变化。相反地，通过考察其他与被估值公司具有同样的风险、增长率和现金流特征的公开上市公司，取得β的估算值。就安德玛而言，通过考察其他增长的服装公司，我们将β值从高速增长阶段的1.30降到稳定增长阶段的1.10。税后债务成本从3.75%降到2.55%，而同期债务比率则从12.44%升至25%，表6–2中的资本成本从9.27%降至7.28%。

表 6-2　安德玛的资本成本变化

年份	β	股权成本	税后债务成本	债务比率	资本成本
1	1.30	10.05%	3.75%	12.44%	9.27%
2	1.30	10.05%	3.75%	12.44%	9.27%
3	1.30	10.05%	3.75%	12.44%	9.27%
4	1.30	10.05%	3.75%	12.44%	9.27%
5	1.30	10.05%	3.75%	12.44%	9.27%
6	1.26	9.81%	3.51%	14.95%	8.87%
7	1.22	9.57%	3.45%	15.58%	8.62%
8	1.18	9.33%	3.35%	16.62%	8.34%
9	1.14	9.09%	3.15%	18.72%	7.98%
10	1.10	8.85%	2.55%	25.00%	7.28%
10 年及 10 年以后					

　　稳定状态：何时进入稳定状态？什么是稳定状态？在对成长型公司的期末价值进行估值时，我们的假定存在很多问题，因为与成熟型公司相比，期末价值在公司当前价值中所占比例更大。评估一家成长型公司何时会成为一家稳定型公司是非常困难的，因此，在评估过程中要遵循如下的基本原则。

　　成长型公司转变为稳定增长型公司的时间不宜过长。即便是最具发展前景的成长型公司，规模和竞争也会让其增长率迅速回落。就安德玛而言，我们所假定的 10 年的成长期反映了我们对该公司发展前景和竞争优势的乐观态度；在 10 年后，增长率被假定为 2.25%，与预计的经济增长率相一致。

在将公司置于稳定增长阶段时，赋予它稳定增长型公司的特征：正如我们在上一个章节中所指出的，就贴现率而言，要使用较低的债务成本和股权成本和较高的债务比率。就再投资而言，关键的假定是我们在稳定增长阶段所假定的资本回报率。

$$稳定的再投资率 = \frac{稳定的增长率}{稳定期的资本回报率}$$

在有的分析师看来，稳定增长期和稳定期的资本回报应该设定在与资本成本相同的水平上，但我们更愿意在公司的具体特征上保留一些灵活性，并认为在稳定增长期，资本回报和资本成本之间的差距应不断缩小，并最终保持在可持续的水平上。安德玛强大的品牌效应将会让它获得长期优势，在第 10 年后，已投资资本的回报率将长期维持在 9% 的水平上。由此，我们可以得到该公司的再投资率和期末价值。

$$再投资率 = \frac{2.25\%}{9\%} = 25\%$$

$$期末价值 = \frac{1.83\,亿 \times (1-0.25)}{(0.072\,8-0.022\,5)} = 27.3\,亿美元$$

基于不同时期的资本成本（如表6–2所示），对未来10年的现金流（表6–1所示）贴现，然后再加上期末价值的当前值，我们可以得到安德玛公司运营资产的价值为13.84亿美元。

从运营资产价值到每股股权价值：要想通过运营资产价值获得每股股权价值，则加上公司的现金余额，减去未偿付的债务，减去管理期权，然后除以已发行的股票数量。就安德玛公司而言，现金余额为4 000万美元，债务为1.33亿美元，股权价值为12.92亿美元。减去管理期权的价值（2 300万美元），然后除以已发行的股票数量（492.91亿股），所得即为每股股权的价值，为25.73美元。

$$每股价值 = \frac{(13.84\,亿 + 4\,000\,万 - 1.33\,亿 - 2\,300\,万)}{492.91\,亿} = 25.73\,美元$$

我们的估算建立在这样一个假定之上，即所有的股票在股息和投票权上面都是同等的。有的成长型公司仍为它们的创建者所控制——他们通过持有具有投票权的股票，维持他们的控制权。在这种情况下，你就需要做出调整，相比于那些没有投票权的股票，你要赋予那些拥有投票权的股票一个溢价；研究表明，就美国而言，这一溢价大约为 5%~10%。安德玛公司拥有 367.91 亿股 A 类股票，它们为公众所持有，并可进行交易；拥有 1 250 万股 B 类股票，为凯文·普朗克所持有。与前者相比，假定后者的溢价为 10%，那么前者的预计价值为 25.09 美元，后者为 27.60 美元。（为计算这些价值，将 B 类股票的数量乘以 1.10，然后再加上 A 类股票的数量。用股权价值除以调整后的总的股票数量，即可得到每股 A 类股票的价值。）在我们进行估值时，不具有投票权的股票的交易价格为每股 19 美元，这表明该股票被低估了。

相对估值

在对成长型公司进行估值时，分析师倾向于使用收入倍数或预期收益倍数，但这些倍数都带有一定的危险性。收入倍数的问题就在于它们很容易掩盖被估值公司严重亏损的事实。因此，在讨论合理的收入倍数的构成时，我们建议引入预期未来利润率。

对预期收益倍数来说，一个不言而喻的假定条件是被估值公司将会生存到这个预期年份，而且关于这个年份的收益预测是合理的。

就成长型公司而言，不管你在建构可比公司和挑选合适倍数时多么谨慎，有一个事实是不容否认的，那就是它们的预期增长水平和预期增长质量会存在明显差异，而我们在第四章中所讲述的 3 种方式可以用来控制这些差异。

1. 成长型公司：在比较成长型公司的价格时，分析师通常会以高成长潜力来解释为什么一家公司的交易倍数高于可比公司。比如说，在 2009 年年初，安德玛公司的市盈率是 20.71，远高于所在行业 9.70 的平均市盈率。安德玛公司 20.9% 的高预期增长率（所在行业的预期增长率为 15%）或许可以解释这种差异，但它的风险也更高（β 值为 1.44，行业平均值为 1.15），因而也会起到牵制作用。

2. 调整倍数：在市盈率对赢利增长比率（PEG）中，市盈率对比的是未来的预期增长率，以估算增长率调整后的市盈率。实际上，PEG 比率低的公司比 PEG 比率高的公司要便宜。安德玛公司的 PEG 比率大约为 1（20.71/20.90），高于所在行业 0.65 的平均值（9.70/15），这表明它被高估了。

3. 统计法：如果公司的预期增长率不同，增长质量和风险也不同，那么前面这两种方法就难以使用了。在多元回归中，将倍数视为因变量，将风险和增长率视为自变量，则可以让我们在这些维度上控制公司间的差异。比照所在服装行业的公司的预期增长率和 β 值，我们可以得到：

市盈率（PE）=13.78+32.04×预期增长率−6.60 β

替换代入安德玛公司的增长率（20.9%）和 β 值（1.44）：

安德玛公司的市盈率=13.78+32.04×0.209−6.60×1.44 =10.98

按当前 20.71 的市盈率来看，安德玛公司还是被高估了。这与内在估值法所得的结论存在分歧，因为该估值法认为它被低估了。对投资者来说，这两种结论就是教训。内在估值可以让长期投资者获得安慰，但他们也必须做好应对短期剧烈波动的准备，而这正是通过相对估值所得的结果。

价值技巧

成长型公司要想获得成功，它必须在保持利润率的同时提高增长率。对于所有成长型公司来说，预期收入增长率最终都会趋于下降，但下降的速度会因公司的不同而不同。要想成为投资成长型公司，以下几点需要重点关注：

比例式增长：随着公司的规模越来越大，增长率将会下滑。关注那些在成长过程中可以提供多样化产品并致力于扩大顾客群的公司。比起那些不具有这一能力的公司，它们的增长率会更高。

可持续的利润：随着公司的成功，竞争会越来越激烈。关注那些能够在成长过程中保持利润率和回报率的公司。远离那些以牺牲利润率和回报率来追求高增长的公司。

合适的价格：若以错误的价格买入伟大的成长型公司的股权，那也是不良投资。虽然PEG等倍数存在一定的局限性，但利用它们还是可以找到便宜的公司（低PEG比率）。

时间可以成为你的盟友。即便是那些最好的成长型公司也会在某些时刻令投资者失望，因为它们的收益并未赶上投资者的高期望值。在这种情况下，有的投资者就会反应过度，抛售他们所持的股份，然后开始寻找其他具有高增长潜力的公司。此时，被放弃公司的股票价格就会下跌，而这正是你以合适价格接手的机会。

THE LITTLE BOOK OF

VALUATION

第七章

持续增长：

对成熟型公司估值

成熟型公司如可口可乐、荷美尔食品和通用电气都已经存在很久了。这些公司的价值应该很容易评估，因为它们有长期的运营和市场历史，有完善的投资和融资模式。但并非所有长期存在的做法都是好的，改变公司的运营方式或许可以创造更高的股票价值。就可口可乐和荷美尔而言，如果它们利用债务的话，那么它们的价值可能会更高，而如果将所有相关行业剥离为独立实体，那么通用电气的价值也可能会增加。

　　如果说成长型公司的价值更多是来自成长型资产，那么成熟型公司的价值则更多来自现有的投资。如果我们以此来定义成熟型公司，那么成熟型公司的门槛将会因市场和时间的不同而不同

（在经济下滑时，比如说 2008~2009 年，门槛会高一些，而在经济
繁荣时，门槛则会低一些）。

成熟型公司的共同特征如下：

收入增长率接近经济增长率：虽然成熟型公司的收益增
长率会很高，至少在某些年份会很高，成熟型公司的收入增
长率将会趋同于经济的名义增长率，如果两者不相同的话。

稳定的利润率：成熟型公司通常拥有稳定的利润率，但
商品公司和周期性公司除外，因为它们的利润率是一个涉及
诸多宏观经济变量的函数。

多元化竞争优势：虽然有的成熟型公司的超额回报会趋
于零或成为负值，但其他成熟型公司仍会保持明显的竞争优
势（和超额回报）。比如说，可口可乐就是利用它的品牌效应
继续赚取高回报。

债务能力：随着偿付债务的现金越来越多，成熟型公司
的债务能力会进一步提升。不过，在如何应对这种急剧增长
的债务能力上面，不同的公司有不同的做法。有的公司并不
会利用或只是略微利用这种债务能力，它们仍坚持其作为成

长型公司时确立的融资政策。

现金储备和回报：随着收益的增长和再投资需求的下降，成熟型公司在运营中将会产生超过其所需求的现金。如果这些公司没有支付更多的股息，那么现金余额就会开始积聚，而且越积越多。

并购驱动型增长：随着公司规模越来越大，在内部投资机会不再为其提供增长推动力时，这些公司会通过另外一种便捷方式来实现增长，并购其他公司可以提升公司的收入和收益，但未必会提高公司的价值。

并不是所有的成熟型公司都是大型公司。很多小型公司也很快达到它们的成长极限，进而成为小型的成熟型公司。

估值问题

在评估成熟型公司时，最大的挑战是自满。在对这些公司估值时，投资者常常会产生一种错觉，认为过去的那些数字（运营利润率、资本回报率）仍是现有资产的合理估值，而且将来还会保持不变。然而，过去的收益反映的是公司在过去一段时期的管理状况。对经理人来说，如果他们没有做出正确的投资或融资选择，那么相比于更好的管理，报表上的收益可能会低一些。如果管理上的变化即将发生，那么投资者使用报表上的数字，公司的现有资产就会被低估。另外一个挑战是，成熟型公司更有可能利用并购来驱动公司增长。总的来说，相比于内部或内生增长的价值，并购驱动型增长的价值更难以评估。

就成熟型公司而言，你可以通过多种方式来对它们进行相对估值。你可以估计它的收入、收益和账面价值倍数，并可通过其他与之相似的公司对其价格进行比较，但挑战依然存在。

太多选择：同样一家公司可能会被赋予不同的价值，这取决于我们所使用的是公司倍数还是股权倍数，这一倍数是否为收入、收益和账面价值的函数，以及我们所挑选的可比公司。就成熟型公司而言，我们所面临的问题并不是我们无法估算它们的相对价值，而是有太多的价值可供我们选择。

管理转变：我们计算收入、收益和账面价值的倍数反映了公司当前的管理状况。因此，公司在管理上的转变也会改变这些数字，而使用当前的数字，管理不善的公司就会被低估。

并购噪音：并购的会计结果——作为资产的商誉及其后续处理——既会影响收益也会影响账面价值，使得基于这些数字的倍数处于不确定状态。

财务杠杆的变化：成熟型公司有能力在一夜之间使其债务比率发生巨大变化，如债务股权交换和资本结构的调整，而随着财务杠杆的变化，股权倍数如市盈率和市净率的变化幅度将会超过企业价值或公司倍数的变化幅度。基于债务支持的股票回购可以大幅减少股权（通过减少已发行的股票数量），但对企业价值的影响却小得多（因为我们是用债务替代股权）。同理，在公司债务比率发生变化时，股权收益（每股收益、净收入）也会发生变化。

估值解决方案

如果说对成熟型公司估值的关键是评估它们转变经营方式后的价值增长潜力，那么从广义上讲，这些变化可以概括为3种：运营上的变化、财务结构上的变化和非运营资产的变化。

运营重组

在对某公司估值时，我们对收益和现金流的预测是建立在公司经营方式的假定之上。该公司运营资产的价值是 3 个变量的函数，即在用资产的现金流、预期增长率和增长期的持续时间，而这 3 个变量都会因管理政策的变化而变化。

在用资产的现金流：如果现有投资的运营效率低下，削减成本和提高雇员生产率或重新调配资产以做新的用途都会提高现金流。

预期增长率：公司可以通过更多的再投资（高再投资率）或更好的再投资（高资本回报率）来提升它们的长期增长率。此外，它们还可以提升现有资产的回报率，以推动短期增长。对于那些资本回报率较低（尤其是当资本回报低于资本成本时）的成熟型公司来说，通过现有资产提高增长率会取得一定成效，至少从短期来说是这样。对于小型公司来说，如果产生合理回报的在用资产相对较少，那么它的增长必须通过可产生健康回报的新投资来实现。

高增长期的持续时间：一家公司维持高增长和超额回报

的时间越长，它的价值就越高。公司提升价值的方式之一就是抬高所在领域的进入壁垒，并开发新的竞争优势。

财务重组

融资的两个方面影响资本成本，而通过它，我们可以得到公司的价值。首先，我们将考察用于支持运营的债务和股权组合的变化是如何影响资本成本的。其次，我们将考察融资的选择（就年资、期限、货币和其他特征而言）是如何影响资金成本和价值的。

估值驱动器＃1：运营不调

改善资产的管理可以产生巨大回报。就公司运营而言，你的改善幅度有多大？

债务和股权之间的关系很简单。利息费用是可以免税的，而股权现金流则不可以，因而在边际税率上升时，债务相对于股权也就更具吸引力。此外，对成熟型公司的经理人来说，债务也会发挥一种约束机制的作用；如果每期都会支出利息费用的话，那

么经理人会尽可能地减少不良投资。另一方面，就明细账而言，债务有 3 个不利之处。第一是预期的破产成本，因为随着债务的上升，破产的可能性也会随之加大。但什么是破产成本呢？其一就是破产的直接成本，比如说法律和庭审费用，这会吞噬公司很大一部分价值。更大规模的毁灭性成本是对公司陷入财务困境的感知效应：顾客停止购买你的产品，供应商要求以现金支付货款，雇员拒绝运送产品，从而使得公司陷入一种可致其毁灭的下行螺旋。第二是代理成本，源于股权投资者和贷款者不同的且相互竞争的利益。相比于贷款者，股权投资者更看重风险投资的有利之处。在贷款者看到这种利益冲突之后，他们就会采取自我保护措施，要么在贷款协议中写入保护条款，要么收取更高的利息。如此一来，就需要我们在现实中对债务的成本和益处做定量处理。

在资本成本法中，最佳融资组合是可以最大化减少资本成本的组合。以债务替代股权具有明显的积极效应，因为这是用一种相对低廉的资金模式（债务）替代一种昂贵的资金模式（股权），但在这一过程中，债务和股权的风险也会上升，进入使得两者的成本进一步加大。资本成本法依赖可持续的现金流来确定最佳债务比率。一家公司的现金流越稳定、越具有可预测性，这些现金流的规模越大（是指其在企业价值中所占的比例），公司最优债务比率就会越高。此外，债务最大的好处是税项收益。高税率理应导致高债务比率。荷美尔食品当前的债务比率是 10.39%。利用表 7–1 中的资本成本法，我们得到荷美尔在 2009 年年初的最佳债务比率在 20%~30% 之间。

表 7–1　荷美尔食品公司的资本成本和债务比率

债务比率	β	股权成本	债务成本（税后）	加权平均资本成本（WACC）
0%	0.78	7.00%	2.16%	7.00%
10%	0.83	7.31%	2.16%	6.80%
10.39%当前	0.83	7.33%	2.16%	6.79%
20%	0.89	7.70%	2.16%	6.59%
30%	0.97	8.20%	2.76%	6.57%
40%	1.09	8.86%	3.21%	6.60%
50%	1.24	9.79%	5.01%	7.40%
60%	1.47	11.19%	6.51%	8.38%
70%	1.86	13.52%	7.41%	9.24%
80%	2.70	18.53%	8.89%	10.81%
90%	5.39	34.70%	9.49%	12.01%

随着债务比率的上升，荷美尔食品的 β 值和股权成本也随之上升。此外，税后债务成本也在上升，因为高债务比率会增加违

约风险，而在债务比率超过80%后，税项收益逐渐消失。

对于那些债务现金流和资产现金流搭配失当的公司（利用短期债务支持长期资产，利用一种货币的债务支持另一种货币的债务，或者利用浮动利率债务支持易受高通货膨胀影响的现金流）来说，最终的结果将会是高违约风险、高资本成本和低公司价值。公司常常会给出一系列令人眼花缭乱的债务组合，并单纯地以利息支付为界定标准，表明公司的债务成本是低廉的。如果公司减少债务和资产的错配情况，那么它的违约风险将会降低，而公司的价值则会上升。

估值驱动器 #2：财务不调

改变债务和股权组合以及债务的类型，可以改变公司的价值。你的公司拥有合适的债务和股权组合吗？拥有合适的债务类型吗？

非运营资产

在公司的价值中，有很大一部分来自非运营资产——现金和有价证券，以及其他公司的持股。虽然现金和有价证券本身都是中性投资，它们拥有合理的回报率（回报率较低，但相对于投资的风险和流动性来说却是合理的），但在两种情况下，大规模的现金余额会对公司价值造成破坏性影响。第一，所投资现金的回报率低于市场利率。如果一家拥有 20 亿美元现金余额的公司持有无息支票账户，那么这显然会损害股东的利益。第二，投资者关注的这些现金被管理层滥用。无论是在哪一种情况下，投资者都会对现金流贴现；1 美元现金的价值将会被视为低于 1 美元。因此，若公司以股息或股票回购的形式返还这些现金，对股东来说是有利的。

　　对于那些在多家企业交叉持股的公司来说，它们所持的股份往往会被市场低估。在有的情况下，这种低估可归咎于信息的缺失，因为关于这些交叉持有的股份的信息，如增长率、风险和现金流并没有被传递给市场。另外，这也可能反映了市场的怀疑主义，即对母公司管理这些交叉持股投资组合的能力产生怀疑，因而给出了一个"集团贴现"。如果这样一种贴现适用的话，那么提高公司价值的方法就很简单。剥离或去除公司的交叉持股，以获得公司的真实价值，而这对母公司的股东来说是有利的。

管理的改变会导致价值改变吗？

要考察管理和价值之间的相互关系，首先要考察管理变化对价值的影响，然后再考察这种变化发生的可能性。如果我们已经估算出了一家公司的价值，假设现有的管理方式仍将继续执行，我们称这一价值为现状价值，然后再对该公司重新估值，假定它实现了最优管理，并称这一价值为最优价值，那么管理改变后的价值可以写为：

管理改变后的价值＝最优公司价值－现状价值

在一家已经实现最优管理的公司，管理改变后的价值将会为零；而在管理不善的公司，管理改变后的价值将会极为庞大。无论在什么公司，非最优化管理都是显而易见的，而通往价值创造的道路则会因公司的不同而不同。对于那些现有资产管理不善的公司来说，价值的增长将主要来源于对这些资产的更高效管理——从这些资产和高效增长中产生更多的现金流。对于那些投资政策合理而融资政策不合理的公司来说，价值的增加将来源于债务和股权组合的变化和更低的资本成本。就荷美尔食品公司而言，可以考虑两种估值方法：公司现有的管理层维持了较高的资本回报率（14.34%），但再投资率较低（19.14%），因而增长率很低（2.75%）。此外，它所利用的债务也相对较少（债务比率为10.39%），而其最优债务比率大约在20%~30%之间。对现状下的公司进行估值，计算所得每股的价值为31.91美元。公司改变管理模式，采用更积极的再投资策略（更高的再投资率为40%，更低的资本回报率为14%，增长率提升至5.6%）和融资策略（更高的债务比率为20%），计算所得每股价值为37.80美元。由此可见，公司的整体控制价值为每股5.89美元。

在保留公司现有管理层的问题上，人们存在严重偏见，即便是在管理层被普遍认为不称职或被认为未将股东利益置于核心地位时。这种偏见可以追溯到有关并购的法律限制，筹集资本的制度限制，公司章程中的反并购或反控制条款，具有不同投票权的股票，以及复杂的交叉持股结构。尽管存在这些行动障碍，但公司的高层还是会出现变动，推动力要么源于内部（通过董事会和股东），要么源于外部（通过并购）。通常来说，这些变动都是由养老金和激进投资者引发的，他们有能力挑战经理人，而在某些情况下，他们还可以取代经理人。如果你仔细分析这些公司，你会发现管理层变化的情况更容易在股价和收益表现不佳的公司发生，更容易在拥有小型独立董事会的公司发生，更容易在机构持股（内部持股较少）的公司发生，更容易在竞争性领域的公司发生。

就荷美尔食品公司而言，在其已发行的股票中，荷美尔基金会持有 47.4% 的份额，这是一个关键因素。虽然该基金会是由独立信托公司管理的，但它与现任经理人之间仍保持着密切的联系，因而不太可能会同意其他公司的敌意收购，也不愿意改变公司的管理层。管理的变化，如果确实有的话，那也必须征得该基金会的同意。因此，我们估计这种变化发生的可能性仅为 10%；事实上，只有在公司遭到严重挟持时，基金会才会介入并同意这种改变。

估值驱动器 ＃3：管理变化的可能性

要想实现价值的变化，管理必须要发生变化。你的公司的管理容易改变吗？

假设你生活在一个从来都不会发生管理变化的世界，而市场在评估公司价值方面也是相当有效的。在这种情况下，任何一家

公司都将会以它的现状价值交易，既反映了当前管理的实力，也反映了当前管理的不足。现在，假设你将管理变化的可能性引入市场，无论是以敌意收购的形式，还是以更换首席执行官的形式。如果你将当前管理下的公司价值定义为现状价值，将新管理下的公司价值定义为最优价值，那么所有公司的股价都应该是一个加权平均值。

市场价值＝现状价值＋（最有价值－现状价值）×管理变化的可能性

这对股价影响的程度会因公司而异，预期控制价值最大的将会是那些严重管理不善的公司，因为这些公司出现管理变化的可能性最高。

由于预期控制价值早已被包含在市场价值中，所以任何导致市场感知管理层可能发生变化的事情都将会对所有股票产生重大影响。比如说，对一家公司的敌意收购，可能会改变投资者的看法，让他们认为该公司所属行业的所有公司都有可能发生管理上的变化，从而导致股价上涨。如果你将公司治理视为管理不善的公司改变管理驱动力，那么在公司治理非常有效的市场，按照股价的反映，管理不善的公司发生管理变化的可能性很大，而预期控制价值也会很高。相反地，在公司治理薄弱的市场，经理人的更换是非常困难的，也是难以实现的。因此，在这些市场，股价将会包含较低的预期控制价值。这种差别在市场上管理最不善的公司中表现最明显。

之前，我们估算了荷美尔食品的两个价值：现有管理下的价值（现状价值为 31.91 美元）和转变后更积极管理下的价值（最优价值为 37.80 美元），以及管理发生变化的可能性（10%）。由此，我们得到的价值是：

$$每股预期价值 = 31.90 \times 0.90 + 37.80 \times 0.10 = 32.50 \, 美元$$

在估值时，荷美尔食品的实际市场价格约为 32.25 美元。需要注意的是，虽然这一价格略高于 31.91 美元的现状价值，但与预期价值相比，还是颇为公平的。该股票略微被低估。如果荷美尔基金会减少其所持的股份，那么它还将会被进一步低估。

价值技巧

   对成熟型公司来说，这里有两种价值技巧。第一种是经典的"被动价值"策略，这可以追溯到本·格雷厄姆和沃伦·巴

菲特，即投资"管理良好"的、能够提供稳定收益且保持合理增长的公司，但投资者也会对此产生厌恶之情，要么是因为最近的新闻事件（收益报告），要么是因为他们当前不支持这些公司或这些公司让他们感到烦躁。

从这些公司中获利的另一种方式——而这也是较为反常的一种策略——就是，寻找那些管理不好，但在更好的管理下会取得良好业绩的公司。要想找到这样的公司，你需要注意如下事项。

绩效指标：一家公司的管理越不好，其价值增长的潜力就越大。寻找那些相对于行业而言运营利润率低的公司，相对于资本成本而言资本回报率低的公司，以及债务比率极低的公司。

管理变化的可能性：要想实现价值的增长，你就必须改变公司的管理。寻找那些不支持管理层的公司（投票权的差异或反收购协议的修订）或管理层会发生变化的公司，即便不是现在就发生，但至少是有可能会发生。

预警系统：如果市场上所有人都知道你在做什么（价值的潜力和管理变化的可能性），那么你并不会获得多少收益。重点关注那些有可能出现管理转变的公司：年迈的首席执行官、董事会中有了新的投资者或公司章程的变更。

如果你的评估是正确的，那么你没有必要等到管理层发生变化。当市场上的其他投资者意识到这种变化可能发生时，股票的价格就会上涨以反映这种变化，而这时，你的投资就会获益。

THE LITTLE BOOK OF

VALUATION

第八章

世界末日：

对衰退型公司估值

20 世纪 60 年代，通用汽车是推动美国经济前进的引擎，但到了 2009 年，它却成了一家面临破产的受困公司。发明了邮购零售业务的西尔斯·罗巴克公司在过去几年中关闭了一些门店，因为它的顾客们被竞争对手挖走了。当公司变得老迈，它们的市场萎缩，投资机会也消失时，这些公司就进入了生命周期的最后阶段，即衰退期。虽然投资者和分析师往往会避开这些企业，但对于胃口强健的长期投资者来说，它们也能提供一些利润丰厚的投资机会。

成长型公司不想成为成熟型公司，而成熟型公司总是试图重新找回自己的成长之源。同样的道理，也没有哪家成熟型公司想要进入衰退期，想要遭受与衰退期相伴而来的收益和价值损失。那么，我们如何区分成熟型公司和衰退型公司呢？衰退型公司一般都缺乏发展潜力，即便是它们现有资产带来的回报，也往往低于它们的资本成本，这种公司破坏了价值。在最好的情况下，它们会有条不紊地衰退并完成清算，最坏的情况则是它们破产，无法偿还债务。

衰退型公司往往有一些共同特征，这些特征为想给这些公司估值的分析师制造了难题。

收入停滞不前或下降：收入持平，或收入增长率小于通货膨胀率，这是营运疲软的一个指标。更能说明状况的是，如果不仅是被分析的那家公司，而是整个经济领域都表现出了这种收入模式，那就可以排除"疲软是由管理不善引起的"情况。

利润率缩小或成为负数：衰退型公司往往失去了定价权，而且它们的利润也在缩水，因为更加有进取心的竞争对手占有了它们的市场份额。

资产剥离：由于它们的现有资产有时对其他投资者来说

更有价值，它们会把这些资产放在其他更好的用途上。资产剥离的情况在衰退型公司中出现得更加频繁，尤其是在这些公司背负债务的情况下。

大笔支出——股息和回购股票：衰退型公司没有必要进行再投资，因此往往能够支付大笔股息，有时甚至超过了它们的收益，而且它们也会回购股票。

财务杠杆——不利的一面：如果说债务是一把双刃剑，那衰退型公司面对的往往就是它不利的那一面。当现有资产的收益停滞萎缩、收益增长缺乏潜力时，债务负担就可能会变得难以承受。

给衰退型公司和受困公司估值，要求我们在公司减少的财富和把现金还给股东和债权人的需要之间把握平衡。

估值问题

现有投资产生的收入持平甚至下降，而且还伴随着利润的减少，这样的历史数据令人沮丧。总体来说，这家公司资本产生的回报可能小于其资本成本。它不会投资在新资产上，而是可能会剥离资产，收缩业务，既改变资产组合，又改变融资组合。当一家公司的业务和融资组合发生变化时，其风险特征也会变化，并改变其股权成本和资本成本。即使你克服了这些挑战，估算出衰退型公司的现金流，你也必须考虑这家公司不会恢复到稳定发展状态的可能性；很多受困公司都不会履行债务，停业或是被清算。即使一家公司可能会继续经营下去，它的预期永续增长率可能不仅远远低于经济增长率和通货膨胀率，而且在某些情况下甚至有可能是负数。从本质来说，该公司会继续存在，但当它的市场萎缩时，它也会随着时间推移而逐渐缩小。

一些分析师最后把相对估值法作为给衰退型公司或受困公司估值的方式，因为在使用内在估值法时，他们在倍数和可比公司分析上遇到了估算方面的问题：

比例式变量：收益和账面价值可能会很快失效，因为这两个数字都变成了负数，反复出现的损失可能会让股权的账面价值下降，并成为负数。

可比公司：当这个领域的其他公司都在健康发展时，你的挑战是找出衰退型公司相对于附着在健康公司上的价值贴现率。在一个经济领域中，当很多甚至是所有公司都在衰退时，使用什么倍数的选择就变得更加有限了，而且你必须考虑怎样才能最好地为一家公司的衰退程度进行调整。

纳入困境：与更有可能挺过难关的公司相比，衰退可能性较高的公司会以较低的价值交易（因此倍数也较低）。这没有让它们变得便宜。

债务过多和收益下降引起的衰退症状，并不会仅仅因为我们基于一个收入倍数进行了估值就消失。

估值解决方案

持平的收入、下降的利润率，以及受困的危险性，这些都让受困公司估值变得棘手。在这一章节中，我们来看看如何最好地在内在估值和相对估值框架中应对这些挑战。

内在估值

我们将围绕两个关键问题来分析衰退型公司。第一，我们观察到的公司运营衰退是可逆的，还是永久性的。在某些情况下，公司可能会陷入危机，但当新的管理团队就位时，它就可能东山再起。第二，涉及公司是否有较大的受困可能，并非所有的衰退型公司都是受困公司。我们把这两个结论纳入内在估值模式的一个调整版本中。为了阐明这个过程，我们会以拉斯韦加斯金沙集团为例进行估值。拉斯韦加斯金沙集团是一家赌业公司，在 2009 年年初时，它经营着拉斯韦加斯的威尼斯人赌场、金沙会展中心，以及位于中国澳门的澳门金沙赌场。虽然该公司与典型的衰退型公司的形象并不吻合——其收入从 2005 年的 17.5 亿美元增长到 2008 年的 43.9 亿美元，而且它还在开发其他两家赌场——但它在 2008 年第 4 季度的确陷入了重大财务困境。

在传统的贴现现金流估值法中，你会将该公司视为一家持续经营的公司，并假设它的破产概率很小，或假设资本市场是开放的，它可以获得资本，而且资本也容易变现。如果公司受困的可能性比较高，获得资本的能力受限（由于内部或外部因素），亏本出售所得款项大大低于它的持续经营价值，那么贴现现金流估值法会夸大公司以及受困公司的股权价值，即便你正确估算了现金流和贴现率。另一种标准的贴现现金流模型是把持续经营假设和从中产生的价值与受困的影响分开。在评估受困的影响时，你首先把该公司作为一家持续经营的公司来估值，然后估算该公司在预测期内受困的累积概率，并预计它从亏本出售中获得的款项。

第一步，是在假设这家公司会继续经营下去的情况下给它估值。因此，你假设这家公司将恢复健康状态，在再投资能力有限的约束条件下经营业务，你在这个假设下估算该公司的预期收入、经营利润和税金。在估算时你必须要现实一点，考虑到对于这家衰退型公司来说健康状态会是什么样：很有可能需要公司收缩规模，并且满足于没有长期增长或增长极少。在估算贴现率时，你必须假设，如果该公司财务杠杆作用过度，它的负债率实际上会随着时间的推移而下降，而当该公司东山再起时，它就会因债务享受税收优惠。这跟该公司将保持持续经营的假设是一致的。在将拉斯韦加斯金沙集团作为一家持续经营的公司估值时，我们假设在未来两年中，在新赌场投入运营推动其增长之前，该公司的收入增长率是微不足道的，而且它的税前经营利润率将在未来10年中重新回到它在2006年17%的水平。由于该公司已经投资在新赌场上，它在未来几年内的再投资需求不高。最后，当该公司偿还高额债务，恢复健康时，它的资本成本将从9.88%降至7.43%。表8-1显示了这些变化的影响。

要完成估值，我们假设拉斯维加斯金沙集团将在 10 年后处于稳定发展阶段，它的增长率永远是每年 3%（设定它等同于无风险收益率的上限）。我们也假设它的资本回报率永远是 10%，稳定期资本成本为 7.43%。

$$再投资率 = \frac{永续增长率}{ROC} = \frac{3\%}{10\%} = 30\%$$

$$资本收益 = \frac{期末价值（1 + 永续增长率）\times（1 - 再投资率）}{资本成本 - 永续增长率}$$

$$= \frac{1\,051 \times 1.03 \times（1 - 0.30）}{0.074\,3 - 0.03} = 17\,105\ 美元$$

将表 8–1 中的现金流量贴现，并加上期末价值的现值，得出其运营资产的价值为 97.93 亿美元的。加上现金（30.40 亿美元），减去负债的市值（75.65 亿美元），再除以已发行股票数量（64 183.9 万股），得出每股价值为 8.21 美元。

表 8–1　拉斯韦加斯金沙集团营运资产的价值

年份	收入（百万美元）	运营利润率	运营收入（百万美元）	税后运营收入（百万美元）	公司自由现金流（百万美元）	资本成本
当前	4 390	4.76%	209	155		
1	4 434	5.81%	258	191	210	9.88%

（续）

年份	收入 （百万美元）	运营 利润率	运营收入 （百万美元）	税后运营收入 （百万美元）	公司自由现金流 （百万美元）	资本 成本
2	4 523	6.86%	310	229	241	9.88%
3	5 427	7.90%	429	317	317	9.88%
4	6 513	8.95%	583	431	410	9.88%
5	7 815	10.00%	782	578	520	9.88%
6	8 206	11.40%	935	670	603	9.79%
7	8 616	12.80%	1 103	763	611	9.50%
8	9 047	14.20%	1 285	858	644	9.01%
9	9 499	15.60%	1 482	954	668	8.32%
10	9 974	17.00%	1 696	1 051	701	7.43%

$$每股价值 = \frac{运营资产+现金-债务}{股票数量}$$

$$= \frac{9\,793+3\,040-7\,565}{641.839} = 8.21\,美元$$

第二步是估算公司在估值期内受困的累积概率。一个简单的方法是，使用一家公司的债券评级以及该评级类别中公司的违约率历史来估算受困概率。研究者估算了不同评级类别中的债券在发行后 5 年和 10 年的累积违约概率。表 8–2 列出了这些估值。

拉斯韦加斯金沙集团的评级为 B+，在未来 10 年中，B+ 债券的累积违约概率为 28.25%。

估值驱动器 ♯1：持续经营的价值

一些衰退型公司和受困公司成功地恢复了健康。假设你的公司也是其中之一，想想作为一家持续经营的公司，它的价值是什么？

表 8–2   债券评级及违约概率

评级	受困的累积概率	
	5 年	10 年
AAA	0.04%	0.07%
AA	0.44%	0.51%
A+	0.47%	0.57%
A	0.20%	0.66%
A–	3.00%	5.00%
BBB	6.44%	7.54%
BB	11.9%	19.63%
B+	19.25%	28.25%
B	27.50%	36.80%
B–	31.10%	42.12%

（续）

评级	受困的累积概率	
	5 年	10 年
CCC	46.26%	59.02%
CC	54.15%	66.6%
C+	65.15%	75.16%
C	72.15%	81.03%
C–	80.00%	87.16%

第三步，我们必须考虑受困概率估计的逻辑后续问题。然后会发生什么？事实上，受困本身不是问题，但受困公司出售资产所得小于预期未来现金流（由现有资产和预期未来投资产生）的现值，这才是问题。通常情况下，受困公司可能连现有投资产生现金流的现值都无法达到。因此，我们需要估算的一个关键输入值，即出现受困状况时预期的亏本销售所得款项，最现实的估算亏本销售所得款项的办法，是根据其他受困公司的经验，使用资产账面价值的某个百分比。

估值驱动器 #2：受困的可能性

大多数衰退型公司和受困公司都没能恢复健康。你的公司会倒闭的可能性有多大？

在 2008 年年底，拉斯韦加斯金沙集团的固定资产账面价值是
112.75 亿美元，但由于减少 40% 以反映 2007~2008 年间拉斯韦加
斯房地产价格的下跌，又再减少 10% 以反映对快速销售的需要，
导致亏本出售价值为 60.89 亿美元。加上 30.4 亿美元的当前现金
余额所产生的所得款项远远低于 104.7 亿美元的债务面值；因此，
在出现亏本销售的情况下，股票投资者会颗粒无收。虽然作为一
个持续经营的公司，它的每股价值（使用贴现现金流估值法）是
8.21 美元，但根据 28.25% 的违约可能性（基于其 B+ 债券评级），
可得出调整后每股价值为 5.85 美元。

$$受困调整后每股价值 = 8.21 \times 0.712\,5 + 0.00 \times 0.282\,5$$

$$= 5.85 \text{ 美元}$$

这比估值时每股 4.25 美元的股价高出约 30%。

还有最后一个可能会影响股权价值的因素需要考虑。对于健
康的公司，你购买股权为了预期现金流：股息、股票回购，甚至
是该公司的现金累积。对于受困公司，你投资股票则是出于不同
的原因：你希望该公司扭亏为盈，能够恢复健康。实际上，股票
价格不能低于零，而股票投资者会获得还清债务后剩下的所有东

西，这就给受困公司的股票赋予了一种"买入期权"的特征。对于巨额债务缠身，存在极大破产可能性的公司，其股票的期权价值可能超过了贴现现金流价值。将股权看作一种"买入期权"的含义是，股权将会拥有价值，即使该公司的价值远远低于未偿还债务的面值。尤其当该公司处于高风险行业（风险增加了其资产价值将在未来增加的可能性）并负有长期债务时（这种期权在还清债务后还会有剩）。

估值驱动器 ♯3：受困的后果

　　当一家公司破产时，公司的资产会被出售，所得款项会用于偿还债务。假设你的公司破产了，会有什么样的后果？

相对估值

　　相对估值法有两种针对受困公司或衰退型公司进行调整的方式。第一，你将这家受困公司的估值跟其他受困公司的估值作比较。第二，你用健康公司作为可比公司，但找到一种针对这家公司面临的困境进行调整的方法。

要给一家受困的公司估值，你可以在相同的行业中找到一组受困公司，看看市场愿意为它们付多少钱。例如，如果你想给一家陷入困境的电信公司估值，你可以看看在其他陷入困境的电信公司的交易中，企业价值与销售额（或账面资本）的比率。这种做法虽然有道理，但只有当这个经济领域的大量公司在同一时间陷入财务困境的时候才有效。此外，把公司分为受困公司或不受困的公司，就会存在把受困程度不同的公司混为一谈的风险。把拉斯维加斯金沙集团与在 2009 年年初债务负担非常重的赌业公司作比较，该公司看上去就被高估了，它的交易价格是 EBITDA 的 14 倍，而其他使用财务杠杆的赌业公司的交易价格是 EBITDA 的 6.60 倍。你的隐含假设是：高额债务负担意味着受困的可能性大，所有这些公司都同等地面临着那种风险。

与贴现现金流估值法采用的方法相类似，你也可以通过将这个行业中的健康公司作为可比公司，看看它们是如何被定价的，以此来给受困公司估值。在给受困公司估值时，你假设该公司将恢复健康，并且预测它在未来年份里的收入或运营收入。你估算一个在未来这段时期中的预期值，并把它折算为现值，得出该公司的持续经营价值。你再按照本章上节所讲的方法来估算受困概率和亏本出售所得款项，然后就可以给这家公司今天的状况估值了。比如在使用这种方法来给拉斯韦加斯金沙集团估值时，我们假设该公司会恢复健康，首先我们估算在第 10 年，它的EBITDA为 22.68 亿美元。选取EV/EBITDA倍数为 8.25，这是健康的赌业公司今天的交易倍数，于是我们得出，从现在开始的 10 年，它的估值是 187.11 亿美元。

预期 10 年内的企业价值=22.68 亿×8.25=187.11 亿美元

贴现到今天（使用表 8-1 中的资本成本）导致了 76.58 亿美元的估值。在受困的情况下，出售资产所得款项预计将只有 27.69 亿美元。为受困概率和影响进行调整后，得出它今天的企业价值为 62.77 亿美元。

今天的企业价值=76.58 亿×（1-0.282 5）+27.69 亿×0.282 5

=62.77 亿美元

加上现金，减去债务，除以股票数量，得出每股价值高于 3 美元，低于每股 4.25 美元的市场价。

估值技巧

对于衰退型公司，有长期视野和强健胃口的投资者可以采取两种策略。第一，如果一家公司的衰退是不可避免的，而管理层又意识到了这一事实，你可以投资这家公司。虽然价格上涨不太可能，但当公司资产剥离，并将现金用于股息和股票回购时，你将会获得大量现金流。实际上，你的股票将会表现得像是高收益债券。

第二，打一个翻身仗，你投资给衰退型公司或受困公司，希望它们恢复健康，并在这个过程中获得大幅升值。要成功施展这一策略，你需要考虑以下几点：

1. 运营潜力：一家拥有良好运营资产的公司也可能因为负债过度而陷入困境。你可以在本应该是健康的行业中，寻找那些财务杠杆作用过度、拥有珍贵资产的公司。

2. 债务重组：财务杠杆作用过度的公司要恢复健康，必须要减轻债务负担，改善经营业绩，或是重新谈判债务条款。你可以寻找那些正在积极进行债务重组且成功可能性较高的公司。

3. 获得新资本：如果受困公司可以筹到新的资本，该公司的生存就会容易得多。你可以重点关注那些有更多机会获得股权或银行融资的公司，以提高你的成功概率。

如果你确实投资了受困公司，你的希望就是那些咸鱼翻身的公司可以提供足够高的回报，以弥补你投资在很多会破产的公司上的损失。简而言之，你得分散你的投资。

THE LITTLE BOOK OF
VALUATION

第九章

反弹：

对金融服务公司估值

数十年来，银行和保险公司都被视为良好的投资对象，适合于那些看重股息的风险规避型投资者。很多人都说，投资给花旗集团和美国保险集团是安全的，这些公司不仅会支付可观而稳定的股息，而且它们还受到了监管。但 2008 年的金融危机表明，甚至是受监管的公司也可能做出鲁莽的冒险勾当。虽然这些公司可能是很好的投资对象，但买家也必须做好功课，评估股息的可持续性和潜在的风险。

金融服务业可以根据赚钱的方式分为 4 个大类。银行从存贷款之间的利息差赚钱，保险公司通过两种方式赚取收入：从购买保险的人那里收取的保费，以及从投资组合中获得的收益；投资银行为其他公司提供咨询和配套产品，帮助它们从金融市场中筹集资本，或是完成交易（收购，资产剥离）；投资公司提供投资咨询，或为客户管理投资组合，它们的收入来自于收取投资咨询费和投资组合销售费。随着金融服务业的洗牌，越来越多的公司开始经营多种金融业务。

全球各地的金融服务公司都会受到监管，这些监管主要有 3 种形式。首先，银行和保险公司需要满足根据股权的账面价值计算的监管资本比率，以确保它们不会超出自己财力扩张业务，给它们的债权持有者或存款人带来风险。其次，金融服务公司的投资范围常常受到限制。例如，直到 10 年前，美国的《格拉斯－斯蒂格尔法案》还规定商业银行不能开展投资银行的业务，不能在非金融服务公司采用"积极股票"的做法。再次，新公司进入这个领域，以及现有公司进行兼并，往往都要受到监管机构的控制。

在金融服务公司中，用来衡量收益和记录的账面价值的会计规则也不同于市场上的其他公司。金融服务公司的资产往往会成为金融工具，比如债券和证券化的债务。这些投资的市场价格通常都比较显而易见，因此会计规则会倾向于使用这些资产的市场价值——也就是"按市价调整"的做法。

估值问题

给银行、投资银行或保险公司估值主要有两个挑战。首先，区分金融服务公司的债务和股权相当困难。在测算非金融服务公司的资本时，决定债务和股权哪些比较简单。但在金融服务公司中，债务有不同的内涵。对于一家银行来说，债务就是原材料，它们被打造成其他产品，然后可以以更高的价格出售，产生利润。事实上在金融服务公司中，什么东西包含了债务，其定义也比非金融服务公司中模糊得多，因为顾客把钱存入一家银行的支票账户，这笔钱在技术上就符合债务的标准。因此，金融服务公司的资本必须被狭义地定义为只包括产权资本；监管机构强化了这个定义，它们会评估银行和保险公司的产权资本率。

定义银行的现金流也很困难，即便将它定义为股权现金流也是如此。测算净资本支出，以及营运资本可能会出现问题。制造公司投资在厂房、设备和其他固定资产上，金融服务公司主要投资在无形资产上，比如品牌名称和人力资本。因此，为未来增长进行的投资在会计报表中往往被视为营运支出。如果我们把营运资本定义为流动资产和流动负债之间的差值，一家银行的资产负债表中的很多栏都会归入这两种类别的其中一个。这个数字的变化既可能很大、很不稳定，也可能与为未来增长进行的再投资没有关系。

使用相对估值法，也存在同样的问题。为金融服务公司计算基于企业价值的倍数就算是可能的，也会非常困难。为增长中的差异和风险进行控制也会更加困难，这主要是因为会计报表的不透明。

估值解决方案

如果你不能明确界定金融服务公司欠多少钱，它的现金流如何，你怎么能得出其价值的估计值呢？在内在估值法和相对估值法中，我们使用同一个技术来克服这些问题：我们为股权（而不是公司）估值，并使用股息这种唯一能被观察到的现金流。

内在估值

如果你接受了这个定义，即一家银行的资本应狭义地定义为只包含股权，而股权现金流难以（如果不是不可能）计算，因为净资本支出和营运资本无法被定义，那么你就只有一个选择了：

股息贴现模型。虽然本节中的大量篇幅都会花在股息上，我们也会给出两个其他选择。其一是调整股权自由现金流，把再投资定义为维持增长所需的增加的监管资本。其二是侧重在金融服务公司产生的与股权成本对应的股权回报上，并给这些超额回报估值。

　　股息贴现模型：在基本的股息贴现模型中，股票的价值是股票预期股息的现值。对于一个增长稳定的派息公司来说，股票的价值见下面公式：

$$股权价值 = \frac{次年预期股息}{股权成本-预期增长率}$$

在更一般的情况下，股息会以一个速率增长，我们不预期这个速率在一段期间内是可持续的或保持不变的，但我们仍然可以用两个值给股票估值：高增长阶段中的股息现值和在这段时期结束时的价格现值，假设永续增长。股息贴现模型非常直观，深深植根于股权估值方法中，而且，在决定股权价值的股息贴现模型中有3组输入值。第一个是我们用来贴现现金流的股权成本，以及成本在不同时期发生变化（至少在有些公司中会发生这种情况）的可能性。第二个是我们假设公司支付的股息在收益中所占的比例；这个就是派息率，对于任何一个收益水平来说，较高的派息率将转化为更多的股息。第三个是股息随时间推移的预期增长率，它是收益增长率以及与之相伴的派息率的一个函数。在估算每一组输入之外，我们还要确保输入值之间相互没有冲突。

使用行业 β 系数：这一领域中有大量上市公司，因此估算行业 β 系数应该比较容易。

为监管和经营风险作调整：为了反映监管差异，我们需要把这个行业定义得窄一点，因此对于商业模式类似的银行，我们会采用平均 β 系数。而开展高风险业务的金融服务公司——证券化、交易、投资银行业务——应该有不同的（以及更高的）β 系数，较高的 β 系数反映较高的风险。

考虑风险和增长之间的关系：跟成熟的银行相比，期望获得高增长的银行有较高的 β 系数（以及股权成本）。在评估这些银行时，从较高的股权成本率开始，当你减小增长率时，也要减小 β 系数和股权成本率。

我们来看看美国富国银行的例子。在 2008 年 10 月时，它是美国最大的商业银行之一。在估算这家银行的股权成本时，我们

使用的 β 系数为 1.20，这是当时大型货币中心商业银行的平均 β 系数，无风险利率为 3.6%，股权风险溢价率为 5%。

$$股权成本=3.6\%+1.2\times5\%=9.6\%$$

这里需要强调的最后一点是，银行的平均 β 系数反映了它们在那个时期受到的监管约束水平。由于这个估值是在 50 年以来最严重的银行危机爆发 4 周后做出的，未来的监管变化确实有可能改变银行的风险程度（以及 β 系数）。

估值驱动器 #1：股权风险

虽然所有的金融服务公司都受到监管，但它们的风险程度并不相同。与行业平均水平相比，你的公司风险程度如何？

股息和增长之间存在一个内在的权衡问题。当一个公司把收益中的一大部分作为股息支付的时候，它的再投资就减少了，因此增长速度也就会比较慢。在金融服务公司中，这种联系被强化了，因为这些公司的活动遭受监管资本的约束，银行和保险公司

必须保持其股权（就账面价值而言）在它们的活动中占到一个指定百分比。当一家公司派出了更多股息，它们保留的收益就减少了；而股权账面价值的增加是通过留存收益实现的。近年来，金融服务公司也顺应了其他行业中的一个明显趋势，它们增加了股票回购，作为向股东返还现金的一种方式。在这种情况下，单纯着眼于支付的股息，就可能在返回给股东的现金方面产生错误的印象。对此，一个明显的解决办法是把每年的股票回购加到支付的股息中，计算出复合派息率。然而如果我们这样做，我们就应该查看过去几年中的数字，这是因为股票回购在不同的年份变化很大——比如说，公司可能在某一年回购了数十亿美元的股票，但在接下来 3 年中，股票回购量相对来说又非常小。

为了确保关于股息、收益和增长的假设具有内在一致性，我们必须引入一个显示"留存股权再投资状况"的测量值；股权回报率是一个与赔付率和预期增长率捆绑在一起的变量。

预期收益增长率＝股权回报率 ×（1–派息率）

因此，股权回报率、增长率和股息之间的联系在决定一家金融服务公司的价值时十分关键。说得夸张一点儿，给银行估值的

关键不是股息、收益或预期增长率，而是我们相信长期来说，它
会获得股权回报。有了股权回报率，再加上派息率，将有助于确
定增长率。回到 2008 年 10 月对富国银行的估值上，该银行称，
在过去 12 个月中，它的平均股权回报率为 17.56%。我们假设因
为金融危机，监管资本比率会提高约 30%，这样股权回报率就会
减少至 13.51%：

$$预期股权回报率 = \frac{当前股权回报率}{（1+监管资本增加百分比）} = \frac{17.56\%}{1+0.30} = 13.51\%$$

富国银行在过去 12 个月支付了收益的 54.63% 作为股息。假
设派息率维持不变，估算富国银行在未来 5 年的收益增长率是
6.13%：

$$预期增长率 = 13.51\% \times （1-0.546\,3）= 6.13\%$$

表 9–1　富国银行未来 5 年的预期收益及每股股息

年份	每股收益（美元）	预期增长率	派息率	股权回报	每股股息（美元）
过去12 个月	2.16		54.63%	17.56%	1.18
1	2.29	6.13%	54.63%	13.51%	1.25

（续）

年份	每股收益 （美元）	预期 增长率	派息率	股权 回报	每股股息 （美元）
2	2.43	6.13%	54.63%	13.51%	1.33
3	2.58	6.13%	54.63%	13.51%	1.41
4	2.74	6.13%	54.63%	13.51%	1.50
5	2.91	6.13%	54.63%	13.51%	1.59

当公司进入稳定增长期时，这种增长、派息、股权回报之间的联系也是很有用的，因为我们在稳定增长期使用的用来估算终值的派息率，应该是：

$$稳定增长期的派息率 = 1 - \frac{预期增长率}{稳定期股权回报率}$$

该公司的风险程度也应该进行调整，以反映稳定增长期的假设。特别是如果用 β 系数来估算股权成本的话，在稳定增长期中它们应该趋为 1。在富国银行的例子中，我们假设 5 年后的预期永续增长率是 3%，β 系数在稳定增长期中下降到 1（导致股权成本为 8.60%），而稳定增长期的股权回报率也就是 8.60%。

$$稳定增长期的股息率 = 1 - \cfrac{3.00\%}{8.60\%} = 65.12\%$$

$$期末价格 = \cfrac{每\,6\,年的每股收益 \times 稳定增长期的股息率}{股权成本 - 预期增长率}$$

$$= \cfrac{2.91 \times 1.03 \times 0.651\,2}{0.086 - 0.03} = 34.85\ 美元$$

估值驱动器 #2：增长的质量

增长可以增加或减少价值，也可能对价值没有影响。你的公司在寻求增长时有怎样的股权回报率？

贴现未来 5 年的预期股息（见表 9–1），期末价格回到了 9.60% 的目前股权成本率上，产生的每股价值为 27.74 美元，略高于当时的现行价格。

股权现金流模型：在本章的前面，我们谈到了当净资本支出和非现金营运资本不能轻易确定时，估算现金流量十分困难。但是如果你以不一样的方式定义再投资的话，估算金融服务公司的股权现金流也是可能的。在金融服务公司中，再投资一般是投资在监管资本中；监管资本是由监管机构定义的，它反过来又决定了未来增长的极限。为了估算投入监管资本中的再投资，我们需要定义两个参数。首先是银行渴望达到账面股权资本比率目标，它受监管要求的影响很大，但它也反映了银行管理层做出的选择。保守的银行可能会选择维持较高的资本比率，比监管部门要求的更高，而进取心强的银行可能会倾向于刚刚满足监管约束的要求。

为了说明这一点，假设你正在给一家银行估值，这家银行有 1 亿美元的未偿还贷款，股权的账面价值为 600 万美元。假设这家银行预计次年的净收入为 500 万美元，希望将贷款基础增加10%，同时也提高其监管资本比率至 7%。我们可以计算出它的股权现金流量是：

净收入　　　　=500 万美元

再投资　　　　=170 万美元 ×（ 7%–600 万美元 ）

股权现金流　　=330 万美元

估值驱动器＃3：监管缓冲区

　　监管资本安全缓冲区不足会影响到未来的股息，你的公司的资本比率与监管要求（以及公司自己的规定）之间的差距有多大？

　　这种股权现金流可以被视为潜在的股息，可以在股息贴现模型中代替股息。从这个例子中可以看到，监管资本安全缓冲区不足的银行的价值应该少于那些有足够安全缓冲区的银行，因为前者将需要更多的再投资才能让资本比率回到目标水平上。

　　超额回报模型：给金融服务公司估值的第三种方法是使用超额回报模型，超额回报的定义是股权回报和股权成本之间的差额。在这样一种模型中，公司的股权价值可以写成股权的账面价值加上股权投资者获得的预期超额回报的现值，预期超额回报来自于现在和未来的投资。

股权价值＝目前投资的股权资本＋股权投资者获得的预期超额回报的现值

　　这个模型的最有趣地方是其侧重在超额回报上。如果一家公司将其股权用来投资，并按公平的市场回报率赚取收益，那么该公司就会看到它的股权的市场价值趋近于目前投资投入的股权资本。如果一家公司的股权投资回报低于市场水平，它就将看到其股权的市场价值低于目前投入的股权资本。超额回报模型中的两个关键输入值是股权回报和股权成本。

超额股权回报=（股权回报－股权成本）× 投入的股权资本

用超额回报模型来给金融服务公司估值，也可以帮你了解它们所面临的风险/回报的权衡问题。传统的银行业务股权回报率较低，很多银行已经开展参与交易、投资银行业务，房地产和私募股权投资业务。开展能提供更高回报率的新业务，其好处可能部分或完全被这些业务的高风险所抵消。要分析一家银行，你需要看到账目的两边：银行的活动产生的股权回报率，以及这样做带来的风险。超额回报模型也提供了一个测量监管变化影响的框架。监管资本要求的提高将减少股权回报，也就减少了超额回报和银行的价值。

我们使用了超额回报法来给富国银行估值。在 2008 年 10 月，富国银行的股权账面价值是 476.3 亿美元。假设它可以永远保持当时 13.51% 的股权回报率和 9.60% 的股权成本率，那么其超额回报的现值约为 582.2 亿美元。把它加到账面价值上，得出股权价值为 1 058.5 亿美元，股票价值为每股 28.38 美元，非常接近于我们用股息贴现模型得出的估算值。

相对估值

我们强调对金融服务公司的股权进行估值，与此保持一致，我们用来分析金融服务公司的倍数也是股权的倍数——市盈率和市净率。

测算银行或保险公司的市盈率跟测算任何其他公司的方法是一样的：目前价格除以每股收益。与其他公司一样，预期收益增长率和派息率较高，股权成本较低的金融服务公司，其市盈率就应该更高一些。对金融服务公司来说，一个特别的问题是为预期费用留出的准备金。比如说，银行照例会为不良贷款预留准备金。这些准备金减少了报告的收入数字，并影响了报告的价格/收益比率。因此，在不良贷款分类上更保守的银行报告的收益也比较低，而不那么保守的银行报告的收益会比较高。在使用市盈率时，另一个需要考虑的因素是金融服务公司的业务多样化问题。投资者愿意为银行从商业贷款获得的收益支付 1 美元的倍数，同样的投资者愿意为该银行从交易中获得的收益支付 1 美元的倍数，这两者应该是大不相同的。当一家开展多种业务的金融服务公司有多组风险、增长率和回报率时，你很难为它找到真正具有可比性的公司，并比较它们支付的收益的倍数。

　　一家金融服务公司的市净率是每股价格和每股股权账面价值的比率。在其他方面相同的情况下，收益增长率较高、派息率较高、股权成本较低、股权回报率较高，都应该导致公司的市净率较高，而股权回报率是其中的主导变量。相比于其他公司，金融服务公司的市净率和股权回报率之间的关系应该更强，因为其股权账面价值更有可能与现有资产的市场价值相吻合。在强调市净率和股权回报率之间的关系的同时，我们也不要忽略其他的基本面。比如说银行的风险不一样，对于任何给定的股权回报率，我们会期望风险较高的银行应该有较低的市净率。同样，在其他基本面相同的情况下，增长潜力更大的银行应该有更高的市净率。

　　我们来看看汤普金斯金融公司的例子，它是一家小银行，在 2009 年年初以 2.75 倍的账面价值交易。这比当时小型银行的市净率中位值 1.13 高得多。不过，汤普金斯的股权回报率也比小型银行的中位值高得多（27.98%），而且风险较低（标准差为27.89%），这就让该公司可以在一个更高的倍数上交易。使用在以前的章节中所提到到技术，市净率可用股权回报率、增长率和标准差计算。

市净率=1.527+8.63×股权回报率−2.63×标准差 R^2=31%

代入汤普金斯公司的股权回报率（27.98%）和标准差（27.89%）：

汤普金斯的市净率=1.527+8.63×0.279 8−2.63×0.278 9 =1.95

为其较高的股权回报率和低风险进行过调整后，汤普金斯看上去仍然被高估了。

估值技巧

投资给金融服务公司历来被视为一种保守策略，适合于想要获得高股息、看重价格稳定性投资者。如今给这些公司投资需要更细致的策略，而不只是看到这些公司的潜在风险，你可以参考以下这几个方面：

资本缓冲区：监管机构对大多数金融服务公司都有资本方面的要求。你可以关注那些不仅达到监管资本要求，而且超标准满

足要求的公司。

营运风险：即便是同一个领域的金融服务公司（银行、保险公司），风险也可能大不相同。你可以关注那些风险等于或低于平均水平，同时又产生了健康收益的公司。

透明度：具有透明度的报告可以让投资者更好地评估公司的价值，没有提供透明度则有可能是蓄意隐瞒风险。你可以关注那些在报告中提供了营运细节以及可能面临风险的公司。

对新进入该领域的公司的重大限制：较高的股权回报率是确定公司价值的一个关键因素。你可以关注对于新进入者有重大障碍的赢利领域，看看在这些领域开展业务的公司。

总之，你需要投资给那些不仅派发高股息，而且也从相对安全的投资中获得较高股权回报率的金融服务公司；同时避开那些财力不足、涉险扩张的金融服务公司——它们开展高风险、高增长的业务，却又没有预留足够的监管资本缓冲区。

THE LITTLE BOOK OF

VALUATION

第十章

过山车：

对周期性公司和商品公司估值

2007 年时全球经济蓬勃发展，丰田汽车也保持了赢利，当时该公司的价值是多少呢？在大约两年后的经济衰退高峰期时，它的价值又是多少呢？如果石油价格预期将上升，埃克森美孚的股价将上扬多少呢？不确定性和波动性是估值的大敌，但外部因素——经济周期的起起落落以及商品价格的变动跌宕——给周期性公司和商品公司带来了波动性。即便是成熟的周期性公司和商品公司，其收益和现金流也会起伏不定，所以说，给这些公司投资就像是坐过山车。

　　在本章中，我们将讨论这两类公司。第一类是周期性公司，它们来自像房地产和汽车这样的行业，其收益会跟随整体经济增长形势的变化而变化。第二种是商品公司，它们的收益来自于商品生产；这些商品有可能成为该经济（石油，铁矿石）中其他公司的原料，或者其本身就被视为投资（黄金、铂金、钻石）。

这两种类型的公司都有一些共同的特点，这些特点会影响它们的估值方式。

> 经济周期/商品价格的周期：周期性公司受经济周期的影响较大。当重大经济衰退出现时，最具周期性的公司收入很有可能会减少，而当经济复苏时，它们的收入也很有可能会增加。在大多数情况下，商品公司都是价格的接受者。当商品的价格升高时，生产这种商品的所有公司都会从中受益，而在经济低迷时期，最好的公司的收益也会下降。

> 有限的资源：商品公司还有另外一个共同特征。地球上自然资源量是有限的。在给商品公司估值时，这不仅将会影响到我们对商品未来价格的预测，而且也会约束我们通常做出的永续增长假设（在我们的终端价值计算中）。

在给商品公司和周期性公司估值时，我们必须对经济周期和商品价格周期的后果，以及这些周期的变化对收入和收益的影响进行处理。而且，我们也必须找到方法来处理那些不是因为糟糕的管理决策或公司的某些具体做法，而是由宏观经济造成的公司陷入困境的可能性。

估值问题

在给商品公司和周期性公司估值时，输入值受宏观经济变量的影响很大——对商品公司来说，是商品的价格；对周期性公司来说，是经济状况。随着商品价格和经济增长率的变化，这些公司的营运收入也会发生很大的变化，因为它们的固定成本比较高。即便是处在价格周期的最低点时，商品公司可能也必须继续经营煤矿（采矿）、油田（油）和土地（农业），因为停业和重新开业的成本可能高得让人望而却步。如果宏观经济形势变化非常不利，收益的这种波动性将影响到股权和债务（从而影响资本成本），并有可能让即便是最健康的公司陷入困境和违约。

同样的因素也会影响相对估值法。对周期性公司和商品公司来说，收益的倍数会发生大幅波动。虽然不同公司的增长潜力可能各不相同，但同一家公司的增长率有可能在周期的不同阶段出现剧变。

估值解决方案

给周期性和商品公司估值，最简单的方法是查看收益和现金流的每年波动，并寻找波动之下的一个平滑值。要对周期性公司的收益和现金流量进行正常化，通常有 3 种标准技术。

1. 一段时间内的绝对平均值：正常化收益最常用的方法，就是计算收益在一段时间内的平均值。这段时期应该足够长到覆盖整个周期；典型的美国经济周期持续 5~10 年。这个方法很简单，但是绝对平均值对于一个发展中的公司来说可能太低了一些。

2. 一段时间内的相对平均值：解决这个问题的一个简单方法，是计算一段时间内的相对平均值。实际上，你可以计算一段时间内的平均利润率，而不是实际利润，并把平均利润率用到在最近一段时间的收入上来估算正常化的收益。

3. 行业平均值：对于历史不长或历史数据不太可靠的公司，使用行业平均值可能会更靠谱。所以，你可以计算所有处于周期中的钢铁公司的营运利润，并用平均利润率来估算单个钢铁公司的营运收入。行业利润率的波动性往往小于单个公司，但采用这种做法，你可能就无法把导致一家公司与该行业其他公司的不同特点纳入计算中了。

我们来看看一个收益正常化的例子：2009 年年初丰田公司的估值。当时丰田仍然被认为是世界上经营状况最佳的汽车公司。不过，全球经济衰退仍然对该公司造成了严重影响，它在 2008 年最后一个季度出现了亏损，其收益在 2008 年 4 月至 2009 年 3 月的财年中大幅下降，甚至降至负数。1998~2009 年期间，丰田的平均税前营运利润率为 7.33%，把这个值用在过去 12 个月收入为 2 266 130 亿日元上，可以得出一个收益正常化的估算值。

$$正常化的营运收入 = 2\,266\,130\,亿 \times 0.073\,3$$

$$= 16\,607\,亿日元$$

假设丰田是一个成熟的公司，其稳定增长率为 1.5%，资本回报率为 5.09%，等同于稳定增长期的资本成本率，那么我们估算今天其营运资产的价值为 196 400 亿日元。

$$\cfrac{运营收入（1+g）（1-税率）\left(1-\cfrac{增长率}{资本回报}\right)}{资本成本-增长率}$$

$$\cfrac{16\,607\,亿 \times 1.015 \times (1-0.407)\left(1-\cfrac{0.015}{0.050\,9}\right)}{0.050\,9-0.015} = 196\,400\,亿日元$$

把现金价值（22 880 亿日元）和交叉持股（68 450 亿日元）加到营运资产价值中，再减去债务（118 620 亿日元）和少数股东权益（5 830 亿日元），得出了一个股权价值。这个值除以已发行股数量（34.48 亿股），得出每股的价值为 4 735 日元，远高于当时的市场价格为每股 3 060 日元。

$$\cfrac{196\,400\,亿+22\,880\,亿+68\,450\,亿-118\,620\,亿-5\,830\,亿}{34.48\,亿} = 每股\,4\,735\,日元$$

在商品公司，导致波动性的变量是商品的价格，因此我们必须以建立正常化的商品价格为中心来进行正常化。

估值驱动器＃1：正常化收益

在给周期性公司估值时，应该以它在经济正常年份的收益，而不是周期的波峰和波谷期的收益为基础。穿过经济周期的起伏，算算你的公司的正常化收益是多少？

对石油来说，正常化价格是什么？对黄金来说呢？回答这个问题有两种方法。其一是看看这种商品在一段时间内的通货膨胀调整后的平均价格。其二是根据这种商品的供需状况来确定它的公平价格。一旦对商品的价格进行了正常化，你就可以评估在这个正常化的价格下，你估值的公司的收入、收益和现金流会是多少。有了收入和收益，你可能就只需要乘以按正常化价格出售的单位数量，并对成本做出合理的假设了。在再投资和融资成本方面，你需要进行一些主观判断，即判断在正常化价格下，再投资和融资成本的数字会改变多少（如果有改变的话）。

用一个正常化的商品价格来给商品公司估值，可以让你避免招致这样的批评：你得出的估值既反映了你对商品价格的看法，也反映了你对这家公司的看法。如果你想把你对商品价格的看法从你对商品公司的估值中抹去，最安全的做法就是，在你的预测中使用这种商品的市场价格。由于大多数商品都有远期和期货市场，你可以使用这些市场的价格来估算在未来几年的现金流量。这种方法的优点在于它自带商品价格风险对冲机制。如果一位投资者认为该公司被低估，但他又对商品价格在未来会发生什么变化不太有把握，那么这位投资者就可以购买该公司的股票，并出售石油价格期货，以减少不利的价格变动对他的影响。

世界上最大的石油公司埃克森美孚于 2008 年营运收入超过了 600 亿美元，这反映了 2008 年年初每桶石油的价格为 100 多美元。然而在 2009 年年初，油价跌至每桶 45 美元，当时埃克森美孚公司的股价为每股 64.83 美元。如果这样的低价持续整整 12 个月，那么埃克森美孚的营运收入就会是 346 亿美元。用更新后的营运收入给埃克森美孚估值，就会得出每股 69.43 美元的股票价值，显示其股票被轻度低估。这个方法足够灵活到可以反映出你对油价的看法。所以，如果你预期油价会上涨，埃克森美孚的每股价值也将上扬。在图 10-1 中，埃克森美孚的股票价值是正常化石油价格的函数。

如果正常化的油价为每桶 42.52 美元，每股价值就是 64.83
美元，等于当时的股价。换句话说，任何认为石油价格将稳定在
此水平之上的投资者，都会发现埃克森美孚公司被低估了。

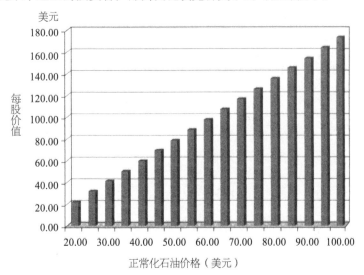

图 10–1　埃克森美孚的正常化石油价格和每股价值

估值驱动器 ♯ 2：商品正常化价格

当商品价格波动时，商品公司的收益也会波
动。你所估值的商品公司，其商品的正常化价格
是什么？在这种价格下，这家公司的价值如何？

相对估值

我们在贴现现金流量方法中介绍的两个基本方法——使用正常化收益或调整增长率——也是我们给周期性公司和商品公司估值时使用的相对估值法。

如果周期性公司或商品公司的正常化收益反映了它可以在正常年份获得的收益，那么市场在给予这些正常化收益有关的公司估值时，估值方式中必定存在着一致性。在极端情况下，当所有的公司在增长和风险上没有差异时，用正常化的每股收益计算这些公司的市盈率，会得出相同的值。在更通常的情况下，增长和风险的差异即便是在正常化后也会出现，我们预期会看到这些公司的交易倍数存在着差异。特别是，与收益更稳定的公司相比，风险性收益更多的公司会以较低的正常化收益倍数交易。而且我们也会看到，与增长潜力较低的公司相比，有较高增长潜力的公司以较高的正常化收益倍数交易。我们这里举一个具体的例子，巴西国家石油公司和埃克森美孚都是石油公司，它们的收益都受到石油价格的影响。即使我们对收益进行正常化，从而排除石油价格的影响，巴西国家石油公司和埃克森美孚也应该以不同的收益倍数交易，不仅因为前者有更高的收益风险（差不多完全是来自巴西的储量），也因为它有更高的增长潜力。

如果你不愿意用正常化的值来替代公司目前的营运收入值，周期性公司和商品公司的交易倍数就会在循环的不同阶段发生改变。特别是，周期性公司和商品公司的收益倍数将会在循环的谷峰期降低底部，在循环的谷底期升至高位。如果行业中所有公司的收益变化都保持了步伐一致，那么比较公司以目前收益的何种倍数进行交易，就不会获得真正有用的结果。实际上我们可以得出结论，一家市盈率为 6 的钢铁公司是在循环的谷峰期被估值的，当时钢铁公司都有较高的收益（和较低的市盈率）。而在经济谷底期，同一家公司的估值可能是收益的 15 倍，这时其他钢铁公司的收益也减少了。

表 10-1 是石油公司的市盈率，使用了最近一个财政年度的每股收益，过去 4 个季度的每股收益，未来 4 个季度的每股收益，以及过去 5 年的平均每股收益。

表 10–1 2009 年年初石油公司的市盈率

公司名称	当前市盈率	追溯市盈率	预期市盈率	正常市盈率
英国石油	9.69	4.55	8.76	6.00
雪佛龙	11.68	5.25	15.31	8.39
康菲石油	7.95	3.55	8.00	6.08
埃克森美孚	12.77	7.59	13.15	10.12
边境石油	66.52	18.14	10.35	7.35
海斯石油	136.12	7.90	54.45	16.81
冬青石油	7.20	9.14	8.01	6.29
马拉松石油	11.07	4.57	7.79	5.38
墨菲石油	14.24	4.7	14.39	7.45
美国西方石油公司	17.48	6.2	18.23	10.11
巴西石油	7.52	6.86	7.52	7.34
雷普索尔	10.65	4.52	6.43	4.26
壳牌	7.99	4.27	8.49	6.77
太阳石油	4.99	3.79	7.76	6.59
特索罗石油	5.26	7.77	6.51	4.88
道达尔石油	8.54	5.44	8.82	6.97
平均值	21.23	6.52	12.75	7.55
中位数	10.17	5.35	8.63	6.87

当数据中存在离群值时，使用中位数比平均值更加合适得多。有些石油公司从一个指标来看很合算，从其他指标来看又很昂贵。

例如马拉松石油，从目前市盈率来看似乎被高估了，但从其他指标来看它又显得被低估了。埃克森美孚从每个指标来看都被高估了，而太阳石油公司从每个指标来看都被低估了。

未开发储量的实物期权观

对传统估值方法的批评之一是，它们未能充分考虑商品价格和商品公司的投资和融资行为之间的相互关系。换句话说，与油价低的时候相比，石油公司更有可能在石油价格较高的时候生产更多的石油，并派发更多的现金给股东。因此，这些公司有开发自己的石油储备的期权，它们可以在观察石油价格之后行使期权，而这些期权可以增加它们的价值。

即使你从来没有明确地使用期权定价模式来给天然资源储备或公司估过值，这种期权对价值的影响也是存在的。

价格波动性影响价值：商品公司的价值不仅是商品价格的函数，而且也是这个价格的预期波幅的函数。价格之所以重要，原因很明显——更高的商品价格意味着更高的收入、收益和现金流量。商品价格波动性增大，可以让未开发储量的价值升高。

成熟的商品公司与成长的商品公司：随着商品价格变得更具波动性，相对于更成熟的，从已开发储量中获得现金流量的商品公司而言，其价值更多地来源于未开发储量的公司将会增值。如果市场认为石油价格的波动性有所增加，即便价格本身并没有改变，你也会预期巴西国家石油公司相对于埃克森美孚获得了增值。

储备的开发：当商品的价格波动性增加时，商品公司将变得更不愿意开发其储量，它们想坐等价格变得更高。

当商品价格下跌时，期权性风险增加：储备的期权价值在商品价格较低时（而且储备勉强可用或不可用时）最大，并会在商品价格升高时下降。

如果你把未开发储量视为期权，贴现现金流估值法通常会低估天然资源型公司的价值，因为它用这种商品的预期价格来估算收入和营运利润。而且，对于有大量未开发储量，其商品的价格波动性最大的公司来说，这种差异也会是最大的。

估值技巧

你在给商品公司投资时，其实也在给相应的商品投资。要在投资策略中纳入这个因素，你可以使用以下两种方法。第一，你预测商品的价格走势，然后投资给会受惠于这个价格走势的公司。因此，如果某种商品价格比较低，而你相信其价格将在未来大幅上涨，那么拥有大量未开发储量，并且有足够资金挺过短期不利的价格走势的公司有可能会带来最可观的回报。第二，如果你不善于预测商品的价格，那就把重心放在挑选该行业中最好的公司上。你可以留意那些拥有大量低成本储备，并能有效地寻找和开发新储备的公司。为了让自己免受商品期货和期权的影响，你至少应该对你在这种公司的投资进行部分对冲。

对于周期性公司，你也有两个类似的投资策略可用。第一个策略是对整体经济增长的预测有信心。如果你认为整体经济的增长将强于其他市场，那你就应该投资给周期性较强的，将会受益于经济回暖的公司。在经济停滞期，投资者对经济指标反应过度，抛售周期性公司的股票时，使用这个策略最为有效。第二个策略则更加标准：如果你觉得自己无法预测经济周期，那就把重心放在购买每个周期性行业中最划算的公司股票上。特别要留意的是这样的公司：以与该行业其他公司相同的正常化收益的倍数交易，但却在正常化的基础上产生了较高的利润率和资本回报率的公司。

底线：不管你多么仔细地做功课，作为经济周期和商品周期的函数，商品公司和周期性公司的收益和价格都会起起伏伏。具有讽刺意味的是，你最大的赚钱机会恰恰就来自于这些周期性变动。

THE LITTLE BOOK OF

VALUATION

第十一章

无形价值：

对拥有无形资产的公司估值

在 20 个世纪初，铁路和制造企业是股市里的中流砥柱，它们的影响力来自有形资产——土地、工厂、设备。我们这一代最成功的公司是技术和服务公司，它们的价值大多来源于没有实体的资产，比如品牌名、技术技能和人力资本。给这些拥有无形资产的公司估值时，投资者必须采用一些与制造企业会计的惯例并不总是相同的方法。

看看那些上市公司，很明显，很多公司都从无形资产中获得了大量价值。从依靠品牌的消费品公司，到生产受专利保护的特效药的制药公司，再到倚仗技术雇员和技术诀窍的科技公司，这些公司分散在多个行业中。要衡量经济在多大程度上由无形资产体现，最简单的方法是看那些从无形资产中获得了大量价值的公司，其市场价值在整体市场价值中所占的比例。虽然科技公司的比例已经从 2000 年时的峰值期有所回落，但在 2008 年年底，它们仍然占了标准普尔 500 指数上市公司中的 14%。如果再加上制药公司和消费品公司，这个比值就更高了。

估值驱动器 #1：无形资产

　无形资产可以是人力资本、技术优势、品牌名称或一群忠诚的雇员。你的公司的无形资产是什么？它是怎么获得这些无形资产的？

虽然拥有无形资产的公司多种多样，但它们都有两个共同的特点。首先，对无形资产的会计处理与对其有形资产的处理是不一致的。会计处理的基本原理提出了一个简单的规则，即把资本支出从经营支出中分开。无论什么支出，只要能带来多年的益处，它就是资本支出，如果只能在本年度产生益处，那它就是经营支出。在制造企业中，会计忠于这一规则，把用在厂房、设备和建筑物上的支出归入资本支出中，把劳动力和原材料费用归到经营

支出中。然而，在面对拥有无形资产的公司时，他们却似乎忽略了这个基本原理。技术和制药公司最重要的资本支出是在研发上，消费品公司是在品牌名的广告宣传上，咨询公司则是在人员的培训和招募上。会计表示这些支出的益处太不确定，因而视它们为经营支出。结果这些公司的收益和资本支出往往就被低估了。

另一个共同点是，相较于其他公司，拥有无形资产的公司更多地把期权作为给管理者的报酬。这种行为有时可以归因于这些公司在生命周期中所处的位置（更接近成长期而非成熟期），有些时候则跟它们对留住人力资本的依赖性有关。

估值的问题

在我们给公司估值时，资本支出的错误划分，债务的节约使用和对基于股权的报酬（期权和限制性股票）的依赖可能带来一些问题。直截了当地说，对于拥有无形资产的公司而言，账面价值、收益和资本支出这些会计科目会产生误导，因为它们通常没有衡量它们声称要衡量的东西，与制造企业相同的会计科目没有直接的可比性。要给拥有无形资产的公司估值，我们首先必须纠正对资本开支的错误划分，并重新计算价值的基本输入值—— 营运收入、资本支出和资本回报。一旦我们做出这些修正，这些公司看起来非常像其他领域的公司时，我们就可以使用相同的指标来给它们估值了。

相对估值法也会出现同样的问题。在内在估值模型中扭曲了收益和账面价值的会计处理不一致的状况，也使得比较基于这些值的倍数十分困难。一家科技公司的市盈率和一家制造业公司的市盈率没有直接的可比性，因为对这两家公司收益的测量缺乏一致性。即使是在科技行业中，也不清楚一家以较低的收益或账面价值的倍数交易的公司，是否就比一家以更高倍数交易的公司更便宜。

估值解决方案

要给拥有无形资产的公司估值，我们必须处理它们共有的两个大问题。首先，我们必须清理财务报表（损益表和资产负债表），并重新区分运营支出和资本支出。这样做的目的不仅是得到一个更好的收益测量值，尽管这也是一个附带的好处，而且也是对这家公司投资了什么来创造未来的增长有一个更清醒的认识。其次，我们还必须更有效地处理管理者期权——包括过去已经授予的，和我们预期将来会授予的。

重建会计处理的一致性

由于企业研发的产品有太多的不确定性且难以量化，会计准则已经普遍要求把所有的研发支出都作为它发生期间的经营支出。这产生了几个后果，其中最重大的是，通过研发创造的资产的价值，没有作为该公司总资产的一部分显示在资产负债表上。这又反过来给公司的资本和获利能力比率的测量造成了涟漪效应。

尽管未来的益处存在不确定性，研发支出也应当予以资本化。我们将以大型生物技术公司安进为例来说明这个过程，为了充分地资本化研发资产并估计其价值，我们必须对研发平均需要多长时间才能转化成商品作一个假设，这就是这些资产的摊销周期。在不同公司中，摊销周期是不同的，它反映了公司研发出来的产品的商业生命。由于新药品的审批过程十分漫长，我们假设在安进公司，摊销周期是 10 年。

在估算了研发支出的摊销周期后，下一步就是收集摊销周期中研发支出的数据。因此，安进公司研发资产的摊销周期是 10 年，那么之前 10 年中每一年的研发支出如表 11–1 所示。（–1 是指一年前，–2 是两年前，依此类推。）

表 11–1　安进公司 2009 年以前的摊销额

年份	研发支出		未摊销部分	本年摊销额（百万美元）
当前	3 030.00	1.00	3 030.00	
−1	3 266.00	0.90	2 939.40	326.60
−2	3 366.00	0.80	2 692.80	336.60
−3	2 314.00	0.70	1 619.80	231.40
−4	2 028.00	0.60	1 216.80	202.80
−5	1 655.00	0.50	827.50	165.50
−6	1 117.00	0.40	446.80	111.70
−7	864.00	0.30	259.20	86.40
−8	845.00	0.20	169.00	84.50
−9	823.00	0.10	82.30	82.30
−10	663.00	0.00	0.00	66.30
			13 283.60	1 694.10

为简便起见，你可以假设摊销比例在一段时间内是相同的。在研发资产摊销周期为 10 年的情况下，你每年摊销研发支出的 1/10，加总本年度摊销支出，得 16.94 亿美元。加总前几年未摊销部分费用，得出在研发资产上的投资为 132.84 亿美元。这增加了公司资产的价值，也增加了股权（和资本）的账面价值。对于安进公司来说：

调整后的股权账面价值＝报告中的股权账面价值＋投入到研发中的资本

＝178.69 亿＋132.48 亿

＝311.53 亿美元

下面，我们调整报告中的收入来反映研发支出的资本化。首先，我们把计算营运收入时被减去的研发支出加回到营业收入中，以反映它重新被划分为资本支出。接下来，我们用处理折旧的方式来处理研发资产摊销，减去摊销额，得出调整后的营运收入和调整后的净收入。用安进公司来说明这个过程如下：

调整后的营运收入＝报告中的收入＋研发支出－研发摊销额

＝55.94 亿＋30.30 亿－16.94 亿

＝69.30 亿

调整后的净收入＝净收入＋研发支出－研发摊销额

＝41.96 亿＋30.30 亿－16.94 亿

＝55.32 亿

对于研发支出随着时间推移而增长的公司，调整后营运收入一般会增加。

对于安进公司，使用增强的股权和资本账面价值，以及调整后的收入，会得出非常不同的股权（资本）回报估算值，见表11-2。

表 11-2　安进公司资本化研发支出的印象

	未调整	研发调整后
股权回报	$\dfrac{41.96\ \text{亿}}{178.69\ \text{亿}} = 23.48\%$	$\dfrac{55.32\ \text{亿}}{178.69\ \text{亿} + 132.84\ \text{亿}} = 17.75\%$
税前资本回报	$\dfrac{55.94\ \text{亿}}{219.85\ \text{亿}} = 25.44\%$	$\dfrac{69.30\ \text{亿}}{219.85\ \text{亿} + 132.84\ \text{亿}} = 19.65\%$

虽然安进公司的获利能力比率在调整后也仍然令人印象深刻，但这个数字跟调整前相比已经大幅下降了。

研发支出是资本支出被作为经营支出处理的最突出例子，此外还有其他本应被作为资本支出处理的经营支出，比如像宝洁公司和可口可乐这样的消费品公司，它们的部分广告支出应该被作为资本支出处理，因为这些支出被用在了增加品牌价值上。对于像毕马威或麦肯锡这样的咨询公司来说，员工的招聘和培训成本可以被视为资本支出，因为培养出来的顾问有可能是公司价值的核心，而且会为公司带来多年的益处。对于很多新技术企业，包括亚马逊这样的在线零售商，最大的经营支出是销售、管理及行政费用。这样的公司也可以说，这些支出的一部分应当被作为资本支出处理，因为它们被用来提高品牌知名度并带来新客户，这些客户可能会是长期客户。

虽然这些观点有可取之处，但我们在用其来证明资本化这些支出的合理性时，也仍然保持谨慎。要将经营支出资本化，公司应该有大量可靠的证据证明这些支出带来的益处会涵盖多个时期。一个被广告或宣传诱导到亚马逊购物的顾客是否会继续光顾亚马逊，成为一个长期顾客呢？一些分析师们声称情况确实如此，而且他们把大量的新增价值归功于每个新顾客。在这种情况下，使用类似于资本化研发支出的过程来资本化这些支出是合乎逻辑的。

1. 确定经营支出带来的益处所涵盖的年限。

2. 估算这些支出所创造的资产（类似于研发资产）的价值。这笔金额将被添加到股权/资本的账面价值中，并被用来估算股权回报率和资本回报率。

3. 用这些支出及其创造资产的摊销金额来调整营运收入。

> **估值驱动器 #2：无形资产的投资率**
>
> 并不是投入无形资产上的所有投资都会创造价值。在你的公司里，无形资产投资带来利润回报有多快？公司从这些投资中赚了多少钱，持续了多久？

资本化影响最明显的地方，在你为这些公司估算的再投资率和资本回报率上。

内在估值：当你资本化那些与创造无形资产有关的支出时，你实际上是在重做该公司的财务报表和重算那些作为估值的基本投入值的数字——收益、再投资和回报。

收益：如果支出在一段时间内有所增加，那么加回本年度的支出并扣除过去支出的摊销额，这对收益的影响一般会是正面的。比如在安进公司，研发支出从开始摊销时的6.63亿美元上升至本年度的30.3亿美元，在进行过研发调整后，收益增加了13多亿美元。

再投资：这对再投资的影响与对收益的影响是相同的，再投资增加或减少的金额与收益完全相同。通常来说，资本化会提高再投资率。

投入资本：由于之前的费用未摊销部分被作为资产处理，这提高了投资到公司的股权或资本估算值。这种影响会随着待摊销周期的长度而增加，因此对制药公司来说应该更高（制药公司研发工作获得回报的速度快得多，跟商业产品一样）。

股权（资本）回报：由于收益和投入资本都受资本化的影响，它对股权和资本回报的净影响无法预测。如果净股权（资本）收益率在资本结构调整后有所增加，你可以将其看作一个粗略的指标，说明该公司通过研发获得的回报大于它从传统型投资中获得的回报。

这些公司为了获得增长投入了什么，以及这些投资的质量如何，资本化过程不仅为这些问题提供了更加现实的估算值，也通过确保增长率与再投资和资本回报一致，为估值重建了一致性。因此，科技公司或制药公司若想保持增长，就必须继续投资在研发上，同时也确保这些投资至少在总体上为公司带来较高的回报。

资本化研发会对每股价值产生多大的影响呢？为了说明这一点，我们使用未经调整的会计数据和进行过研发资本化调整的数字来给安进公司估值。表 11–3 列出了这些数字。

表 11–3　估值的基本输入值：研发支出资本化的影响

	传统方式	研发支出资本化
税后投资回报率	14.91%	17.41%
重投资率	19.79%	33.23%
增长率	2.95%	5.78%
每股价值	43.63 美元	62.97 美元

如果我们使用传统会计方法处理的数字，每股价值就会是 43.63 美元，而股票价格是 47.97 美元，与之相比约低 10%。在研发支出资本化之后，每股价值明显升高，股票看起来就比较便宜了。在一般情况下，对于在研发中投入了巨资，而且收益和现金流在以后各期的报告中没有或很少显示出增长的公司来说，资本化对价值的影响是负面的。对于在研发中投入了巨资，而且收益和现金流在以后各期的报告中显示了大幅增长的公司来说，这种影响是正面的。由于安进公司在研发上的成功，研发支出资本化对该公司每股价值的影响是正面的。

相对估值

所有技术公司和制药公司都在使用同一套有缺陷的会计规则，把研发支出作为经营支出，没有进行资本化，这是事实，可这并不意味着就可以直接使用相对估值法。在不同的公司，研发支出资本化对收益与账面价值的影响可能会有很大的不同，具体将取决于以下因素：

公司处在生命周期的哪个阶段：一般来说，相对于更加成熟的公司，处于成长期的年轻公司受资本化对收益和账面价值的影响更大。

摊销周期：当我们延长研发支出的摊销周期时，研发支出资本化的影响会大得多，对投入资本来说尤为如此。如果在相同的行业中，不同公司把研究转化成商品的速度不同，研发支出资本化对收益的影响也可能不同。

如果你忽略了会计处理中的不一致性，使用公司报告的收益和账面价值来计算倍数，那么较年轻的公司或研发工作需要较长酝酿期的公司看上去就会被高估（即便它们的价格很公道，或者很合算）。由于收益与账面价值被低估，这些公司会有更高的市盈率、企业价值倍数和账面价值的倍数。

把这些因素纳入相对估值法有两种方法。第一个方法是对每个公司与无形资产投资相关的开支进行资本化，并据此来计算使用在倍数中的收入与账面价值。这种做法产生的结果最准确，但也最耗时，需要最多的数据。第二个方法是使用报告中的收益和账面价值数字，同时对上述因素进行控制。

表 11–4 是制药公司的一些数据，它使用了 3 种市盈率：传统的市盈率（总市值除以净收入）、用净收入和研发支出之和计算的市盈率，以及进行过研发支出摊销调整（净收入+研发支出–研发摊销）的市盈率。

从每一种市盈率来看，阿斯利康公司都被低估了，而塞尔基因都被高估了。从传统市盈率来看，百时美施贵宝被高估了，从增强收益市盈率来看则略有低估，从净研发市盈率来看就比较吻合。我们可以认为，最后一种方式考虑了研发及其摊销因素，产生的结果最为公平。

表 11—4　价格/收益比率：制药公司

公司名称	价格/收益	价格/ （收益+研发）	价格/ （收益+净研发）
雅培	14.62	9.43	13.91
艾尔健	18.89	7.93	13.10
阿斯利康	7.24	3.92	6.54
活菌制剂	16.26	6.86	10.63
百时美施贵宝	16.18	6.09	12.18
塞尔基因	80.84	29.26	41.46
美国健赞公司	34.08	8.30	13.76
吉利德科学公司	20.04	14.75	16.89
英国葛兰素史克公司	7.31	4.48	7.16
美国礼来公司	8.08	4.05	7.31
默沙东	5.98	3.70	5.76
诺华制药	9.79	8.00	9.70
诺和诺德	16.76	9.24	13.83
辉瑞	10.54	5.32	9.87
赛诺菲–安万特	9.61	5.83	9.03
先灵葆雅	13.91	9.62	12.99
以色列梯瓦制药	14.44	10.85	13.21
惠氏	12.31	6.98	11.90
平均值	17.61	8.59	12.74
中位值	14.18	7.46	12.04

股票股权的处理

公司给予管理者和其他人股票股权，就是给这些人发放一些股东股权。要处理这给普通股股东造成的价值损失，内在估值法中通常采用的方式有 3 种，以下我们将以谷歌 2009 年年初的数据来介绍这 3 种方式。在 2009 年 2 月，我们估算谷歌的股权总价值是 1 023.45 亿美元，该公司有 3.152 9 亿流通股和 1 397 万尚未行使的期权，平均行使价为每股 391.40 美元。

1. 假设所有或者部分期权将在未来行使，调整流通股的数量，并用这个数字除股权价值，获得每股价值，这就是稀释股法。要估算谷歌股票的每股价值，就用包括期权在内的流通股总数去除估算的股权总价值。

$$\frac{\text{股权总价值}}{\text{完全稀释的股票量}} = \frac{1\ 023.45\ 亿}{3.152\ 9\ 亿 + 1\ 397\ 万} = 每股\ 310.83\ 美元$$

这种方法的好处是非常简单，但它会导致每股价值的估算值过低，因为它未能反映行使购物权的所得款项。在谷歌的例子中，期权的每次行使都会给公司带来现金。

2. 在分子里加入行使期权产生的所得款项，然后除以期权行使后产生的流通股数量；这就是库藏股法。对谷歌使用这种方法可得：

$$\frac{股权价值 + 完全稀释的股票量 \times 尚未行使的期权量}{平均行使价格}$$

$$= \frac{1\,023.45\,亿 + 1\,397\,万 \times 391.40}{3.152\,9\,亿 + 1\,397\,万} = 每股\,327.44\,美元$$

这个方法会产生过高的每股价值，在很大程度上是因为这个方法忽略了期权的时间溢价。如果进行平价或价外交易，期权可能没有行使价值，但它仍然具有期权价值。

3. 给定今天的每股价值和期权的时间溢价，估算期权今天的价值。一旦这个值估算出来，它会减去未行使期权的股权价值，然后金额除以流通股的数量，得到每股价值。假设行使价格（391.4 美元）和平均到期年限（3.50 年），估算谷歌未行使期权的价值为 8.97 亿美元，得出每股价值为 321.76 美元。

$$\frac{\text{股权价值} - \text{期权价值}}{\text{原流通股数量}} = \frac{1\,023.45\,\text{亿} - 8.97\,\text{亿}}{3.152\,9\,\text{亿}} = 321.76\,\text{美元}$$

在选择采用哪种方法时，你可以把第一种方法看作最原始的，第二种是稍微调整过的，第三种工作量最大，但也是正确的处理期权的方法。事实上，大多数投资者和分析师都因为想避免麻烦而没有采用第三种方法，但这可能会为那些花了额外的精力去评估期权的人制造机会。

在公司之间进行倍数比较会复杂一些，因为不同的公司往往有不同数量的雇员期权尚未行使，而这些期权的价值可能大不相同。在分析的时候没有纳入期权因素，会导致那些尚未行使期权的数量非常大或非常小（相对于类似公司）的公司看上去被相对错估了。比如说，使用原每股收益计算的市盈率，会让那些有长期的，未行使的价值期权的公司显得便宜。唯一能将期权影响纳入收益倍数中的方法，是以目前的股票价格为基础，用公允价值来评估这些期权，并把这个价值加到市值中，得出股权的市场总价值。

表 11-5 总结了当使用不同的方法处理期权时，在市盈率基础

上对谷歌和思科进行的比较。虽然从 3 种市盈率来看，思科都比
谷歌便宜，但使用基础市盈率时它最便宜，而使用期权评估方法
时，它看上去就没有那么便宜了。

表 11–5　谷歌和思科的期权调整后市盈率

	谷歌	思科
股票价格	326.60 美元	16.23 美元
基础市盈率	24.37	11.04
稀释后市盈率	25.45	13.25
市值	102 975 百万美元	97 153 百万美元
股权价值	1 406 百万美元	3 477 百万美元
市值+股权价值	104 381 百万美元	100 630 百万美元
期权费用化之前的净收入	5 347 百万美元	8 802 百万美元
期权费用化之后的净收入	4 227 百万美元	8 052 百万美元
调整后市盈率	24.69	12.50

估值技巧

　　要给拥有无形资产的公司投资，最大的障碍就是会计数字的
欺骗性，至少公司报告中的数字是如此。作为一个投资者，你必
须纠正这些会计问题，并把注意力放在具有以下特点的公司中：
　　产生高回报的无形资产：无形资产要创造价值，它就必须获

得高额回报。你可以留意那些拥有独一无二、难以复制的无形资产的公司。

有合理价格的"真正"收益：很多拥有无形资产的公司都具有高增长潜力和反映了这种增长的价格。你应该纠正会计上的错误分类，看看哪些公司修正后的收益增长率较高，并且以修正过的收益的较低倍数交易，然后投资给这些公司。

保持和扩大这些无形资产的支出：无形资产的价值不会一直保持下去，尤其是在它们被忽略的情况下。你可以关注一下那些投资在无形资产上（通过研发、招募或广告上的支出），保持并增长了无形资产的价值的公司。

支出的有效性：不是所有用在无形资产上的支出都能产生的价值。你可以注意一下公司对无形资产的投资，看看它们投资的速度有多快，带来的回报有多高，然后把你的钱投到这两个方面排名较高的公司里。

股权要求权吸走的每股价值：拥有无形资产的公司往往喜欢把期权用作报酬，而这会影响到股票的每股价值。切记把未行使期权的影响纳入每股价值的估算中，避开那些大肆派发新的期权给管理者的公司。

实际上，你应该投资给这样的公司：它们投资在无形资产上，并且能够利用这些资产获得较高的回报，同时又能保护好你的股权份额。

改变越多，维持不变的就越多。在运用内在估值和相对估值技巧对处于不同生命周期阶段的公司——从年轻成长型公司长青太阳能公司，到已度过繁荣期的西尔斯公司——进行估值时，我们遵循的都是相类似的模式。经久不变的主题是，价值依赖的是标准因素：现金流、增长率和风险，虽然它们的影响会因公司的不同而不同，也会因时间的不同而不同。

共同因素

不管估值的是何种类型的公司，你必须要决定你评估的是股权还是整个业务、你所使用的是内在估值法还是相对估值法，以及价值的关键因素。

在对业务进行评估时，你可以选择

评估业务的股权，你也可以选择评估整个业务。如果你评估的是业务，那么通过加上你尚未评估的资产（现金和交叉持股），然后减去你的欠债（债务），所得即为股权的价值。选择之所以重要，是因为你所有的输入项——现金流、增长率和风险——的定义必须是一致的。就我们在本书中所评估的大多数公司而言，我们评估了业务的价值，然后又转回到股权的价值。对于金融服务公司，由于我们无法定义其债务，也无法估算其现金流，所以只能使用股权估值模型。

此外，你还可以基于业务的基本面对其进行估值，即内在估值；或者，你也可以通过考察市场上其他相似公司的市场价格对其进行估值。虽然这两种方法都会获得价值的估算值，但它们回答的却是不同的问题。就内在估值而言，我们回答的问题：基于公司的现金流和风险，考察该公司是被低估了还是被高估了？而对相对估值来说，要回答的问题是：基于市场对其他相似公司的定价，考察该公司是便宜还是昂贵？以第六章中的安德玛公司为例，通过内在估值法所得的结论是该公司被低估，而通过相对估值法所得的结果却是该股票被高估。

不管是内在估值还是相对估值，公司的价值都依赖于3个因素：现有资产的现金流、这些资产的预期增长率，以及反映这些现金流风险的贴现率。在内在估值中，我们对这些输入项都有明确的估算。但在相对估值中，在比较它们的定价方式时，我们则控制这些输入项在不同公司间的差异。

重点上的差异

对于任何一家公司来说，我们所使用的模型和方法都是一样的，但我们所做的选择和所强调的输入项却因公司的不同而不同。如表1所示，每一章所强调的估值驱动器都反映了我们在重点上的转变，而这是由公司所处的生命周期阶段和所在的领域所决定的。

这些估值驱动器不仅对投资者有用，因为他们要以此确定哪些公司可以提供最好的投资机会，而且对这些公司的经理人也很有用，因为他们必须要将关注的重点放在所在公司的价值增值上。

表1　生命周期不同阶段和不同领域的估值驱动器

类别	估值驱动器
年轻成长型公司	收入增长、目标利润率、生存概率
成长型公司	比例式增长、利润可持续性

（续）

类别	估值驱动器
成熟型公司	运营不调、财务不调、管理变化的可能性
衰退型公司	持续经营价值、违约概率、违约后果
金融服务公司	股权风险、增长质量（股权回报率）、监管性资本缓冲
商品和周期性公司	正常化收益、超额回报、长期增长率
无形资产公司	无形资产的性质、无形资产投资的效益

回 报

你能通过你的估值赚钱吗？答案取决于3个变量。第一个变量是估值的质量。相比于基于流言或更甚于流言的信息所做的糟糕估值，基于更好信息的高质量估值理应产生更好的回报。第二个变量是市场反馈。要想通过估值赚钱——即便是最好的估值，市场还需要修正自身的错误。在运转正常的市场，估值的回报会更快、更多。自私一点讲，你希望市场在大多数时候都是高效的，而在失灵时，你又能够有效利用。第三个变量，也是最后一个因素是运气。虽然这有悖于你的公平感，但运气超过所有好的估值技巧。虽然你不能依靠好的运气，但你可以通过投资众多被低估的公司来分散你的赌注，以此减少运气对你的回报的影响。多元化投资依然可以让你获得回报。

结 语

不要被专家和投资专业人士所胁迫。在很多情况下，他们所用的信息与你所用的信息是一样的，而他们对估值的理解并不比你多多少。不要怕犯错误。即便你无法在所有的投资中成为赢家，但我希望的是，这种分析投资和评估价值的过程能够带给你快乐，就像它们带给我快乐一样。

成功路上的十大规则

1. 你可以放弃模型，但不要背弃基本原理。
2. 关注市场，但不要让市场决定你的所作所为。
3. 风险影响价值。
4. 增长并不是免费的，而且也并不总是有利于价值。
5. 包括增长率在内的所有有利因素最终都会趋于终结。没有什么会永远地持续下去。
6. 注意截断风险，很多公司都不会成功。
7. 追溯过去，展望未来。
8. 牢记大数定律。平均数好于单一数字。
9. 接受不确定性，面对它，处理它。
10. 将事实转变为数字。